História
da Contabilidade
Portuguesa

TÍTULO ORIGINAL
História da Contabilidade Portuguesa – O Século XX

AUTORES
Miguel Gonçalves, Márcia Simões, Raquel Ferreira, Cristina Góis

EDITOR
EDIÇÕES ALMEDINA, S.A.
Avenida Emídio Navarro, 81, 3D – 3000-151 Coimbra
Tel.: 239 851 904 · Fax: 239 851 901
www.almedina.net · editora@almedina.net

REVISÃO
Manuel Afonso

CAPA
Edições Almedina

ILUSTRAÇÃO DE CAPA
© Retrato de Luca Pacioli (1445–1517) com um estudante,
atribuído a Jacopo de' Barbari

PAGINAÇÃO
João Jegundo

IMPRESSÃO E ACABAMENTO
?????????????????

julho, 2023

DEPÓSITO LEGAL
?????????????????

ISBN
978-989-40-1299-3

História da Contabilidade Portuguesa

O SÉCULO XX

MIGUEL GONÇALVES
Professor do ISCAC | Coimbra *Business School*
MÁRCIA SIMÕES
RAQUEL FERREIRA
CRISTINA GÓIS
Professora do ISCAC | Coimbra *Business School*

Prefácio de Isabel Cipriano
(Presidente da APOTEC)
Posfácio de Alexandre Gomes da Silva
(Presidente do ISCAC | *Coimbra Business School*)

ALMEDINA

ÍNDICE

Aos antigos e aos atuais estudantes do glorioso ISCA de Coimbra, por tudo.

Coimbra, 15-VI-2023.

«A incompreensão do presente nasce fatalmente
da ignorância do passado.»

(Marc Bloch, 1886–1944, historiador francês).
(Bloch, 2002, p. 65).

NOTA DE ABERTURA

Este estudo ambiciona apresentar, comentar e discutir a contabilidade portuguesa relativa ao período que se estende de 1900 a 2000. Para tanto, em forma de repositório cronológico, o documento dá a conhecer os marcos mais significativos da contabilidade em Portugal no século xx. Por conseguinte, procede, de forma absolutamente inédita, à divisão dos acontecimentos ocorridos nesta época em cinco prismas ou temas de análise: (1) associativismo; (2) ensino; (3) literatura; (4) normalização contabilística; e (5) profissão. O texto também confere destaque a uma detalhada contextualização política, económica e social do século xx português. Os métodos utilizados para a realização do trabalho foram o documental (análise de fontes primárias de informação) e o bibliográfico (análise de fontes secundárias de informação). No total, são arrolados e comentados 75 factos marcantes da contabilidade em Portugal sucedidos no século xx, apropriadamente ancorados em cerca de 240 referências bibliográficas. A principal conclusão a extrair do presente trabalho diz respeito à consolidação da ideia de que, no século xx, o efetivo desenvolvimento da contabilidade portuguesa se deveu, essencialmente, a quatro fatores geradores de condições objetivas para tal, a saber: (1) ao Código da Contribuição Industrial, de 1963, com a consequente criação da figura jurídica do técnico de contas; (2) ao 25 de Abril de 1974, revolução a partir da qual surgiram as associações de contabilistas, fazendo jus ao espírito de livre associativismo da época, que o regime político do Estado Novo impossibilitara; (3) ao Plano Oficial de Contabilidade, de 1977, obrigatório para as maiores empresas em Portugal, incluindo as públicas; e (4) à regulamentação, em 1995, da profissão de técnico oficial de contas (hoje, contabilista certificado), com um estatuto próprio e uma entidade de inscrição obrigatória independente da tutela de um departamento do Estado. Esta pesquisa contribui para a consolidação e expansão do conhecimento sobre a contabilidade nacional coeva por corresponder à mais abrangente, compreensível, integrada e sistematizada investigação realizada na literatura contabilística acerca deste objeto de estudo — as relações recíprocas entre a contabilidade e a história contemporânea de Portugal, designadamente no período de Novecentos. Em particular, a profunda transformação da vida política que ocorreu em Portugal no último quartel do século XX, trazendo à vida nacional a consolidação e a estabilização democráticas, contribuiu de forma determinante para a mudança contabilística registada no país, na medida em que criou as condições legais para um maior desenvolvimento e progresso global deste campo do saber, a contabilidade.

PREFÁCIO

A História da Contabilidade e a sua investigação são um dos baluartes da APOTEC – Associação Portuguesa de Técnicos de Contabilidade, através do Centro de Estudos de História da Contabilidade, criado em 1996, com o objetivo de estudar, pesquisar e divulgar temas ligados à História da Contabilidade e ciências afins.

Uma destas expressões configura-se na premiação de trabalhos de investigação em História da Contabilidade, tendo como objectivo o seu estudo e divulgação, sendo o único prémio do género em Portugal.

É com grata satisfação e na qualidade de presidente da APOTEC, e particular entusiasta da História da Contabilidade, que agradeço aos autores Miguel Gonçalves, Márcia Simões, Raquel Ferreira e à Cristina Góis a honra que me concedem de prefaciar esta obra, estudo suporte da candidatura ao Prémio de História da Contabilidade «Martim Noel Monteiro», ed. 2022.

A oportunidade temporal desta edição, perante os desafios actuais da digitalização na Contabilidade e as alterações à lei base das associações profissionais públicas ocorridas no início de 2023, com as consequentes modificações futuras na regulamentação da profissão de contabilista em Portugal, reveste-se de extrema utilidade para compreendermos as mudanças que hoje estamos a operar.

De salientar o especial cuidado dos autores de, antes da apresentação dos 75 mais importantes acontecimentos contabilísticos portugueses do século XX em contextualizarem política, económica e socialmente esses cem anos, para que se pudesse compreender a importância da contabilidade como instrumento de gestão das organizações, sejam públicas ou privadas, mas também que «a contabilidade veio a beneficiar da aprovação da constituição»[1], incidindo a tributação das empresas fundamentalmente sobre o seu rendimento real (Decreto de 10 de Abril de 1976), em detrimento da tributação por presunção de lucros que vigorou entre 1929 e 1963.

A discussão da análise destes 75 eventos constituem uma janela para o futuro, que os autores com este exercício de reflexão sobre a contabilidade portuguesa do século XX nos presenteiam neste livro, e sem dúvida que um olhar de longo prazo para o passado contemporâneo promove valiosas aprendizagens não só ao nível da academia (docentes, discentes, investigadores) como dos profissionais, sobretudo das profissões em torno da contabilidade e consequentemente, da fiscalidade.

Com foco e assertividade, somos atraídos para conclusões capazes de refratar, refletir e dividir responsavelmente a importância e consequências da contabilidade a cinco níveis: associativo, ensino, literatura, normalização contabilística e profissão.

A Contabilidade é também uma ciência relativa «não só porque trata de conhecer um aspecto particular da realidade económica, que é uma parte da realidade social, e esta da realidade humana».[2]

E porque a competência se demonstra com os conhecimentos que se evidencia e não somente com os diplomas que se apresenta, é nosso desejo que as instituições de ensino superior, as diversas organizações, os profissionais e o próprio Estado — enquanto órgão de gestão — enobreçam o esforço do passado, manifestando a excelência, através da prática.

Enquanto dirigente associativa e profissional, muito agradeço ao Miguel Gonçalves, Márcia Simões, Raquel Ferreira e à Cristina Góis a coerência, dedicação, conhecimento e emoção que aliaram às suas vastas experiências e que resultam nesta obra de relevante interesse e utilidade para o ensino, para o desenvolvimento e para a valorização da Contabilidade e de todos os seus intervenientes.

Junho de 2023,

Drª Isabel Cipriano
Presidente da Associação Portuguesa de Técnicos de Contabilidade (APOTEC)

1 *In librum.*

2 *In Pequena História da Contabilidade,* de Martim Noel Monteiro, 1979, APOTEC.

CAPÍTULO I

DELIMITAÇÃO DA INVESTIGAÇÃO: OBJETIVOS, IMPORTÂNCIA, RAZÕES DE INTERESSE, MOTIVAÇÃO, CONTRIBUIÇÕES ESPERADAS, MÉTODO, METODOLOGIA E ASPETOS EPISTEMOLÓGICOS

No âmbito da história contemporânea da contabilidade portuguesa, este trabalho promove uma reflexão sobre a evolução e o desenvolvimento da contabilidade nacional no século XX, que urge conhecer nas suas mais variadas dimensões e realidades, para uma melhor compreensão da contabilidade do tempo atual. Nesta conformidade, de acordo com Gonçalves, Lira e Marques (2017, p. 123), «não se pode compreender o presente, desconhecendo o passado — e a história da contabilidade pode, sem reservas, trazer para o espaço público soluções obtidas no passado com poder para influenciar as dos tempos atuais». Acresce que, em geral, «a contabilidade contemporânea não pode ser compreendida sem a referência a personalidades [e a factos marcantes] importantes que contribuíram para o desenvolvimento contabilístico» (Gomes e Rodrigues, 2017, p. 229). Em face de todas estas precedentes constatações, a corrente pesquisa, centrada no século XX português, procura configurar uma resposta ao repto lançado por Burchell, Clubb, Hopwood, Hughes e Nahapiet (1980, p. 23) no sentido de que a investigação em contabilidade contribua para identificar os agentes sociais envolvidos na emergência e no desenvolvimento da disciplina e para descobrir quais têm sido os mecanismos utilizados para a inovação, a mudança e a difusão da contabilidade.

Subjacente a esta linha de pensamento, o texto regista como principal desígnio apresentar uma base de dados cronológica dos mais determinantes acontecimentos contabilísticos ocorridos em Portugal durante o século XX.

Como é adquirido pela historiografia, as bases de dados correspondem a uma área de investigação histórica em contabilidade (Previts, Parker e Coffman, 1986, 1990; Faria, 2006; Gomes e Rodrigues, 2017), tal como o são, por exemplo, a biografia, a prosopografia, a história geral, a história institucional, a história do pensamento contabilístico ou o estudo de registos contabilísticos de entidades, entre outras. As bases de dados constituem-se como formas de pesquisa que visam, essencialmente, «fornecer informação descritiva sobre acontecimentos, datas, épocas, fontes e publicações relacionadas» (Gomes e Rodrigues, 2017, p. 231) e que, traduzindo-se em formas especializadas de investigação histórica valiosas no seu próprio campo, facilitam e apoiam outras formas de investigação histórica (Previts *et al.*, 1986). A construção de bases de dados cronológicas revela-se importante de um ponto de vista da história da contabilidade, porque as mesmas configuram consideráveis instrumentos de pesquisa contabilística, contribuindo, desta forma, para que as gerações mais novas possam rapidamente ganhar empatia pela história da contabilidade portuguesa, vendo aumentar, também, a sua cultura contabilística e identidade profissional. As bases de dados cronológicas são também enriquecedoras na medida em que o conhecimento sistematizado que disponibilizam representa uma ferramenta de trabalho útil para investigadores, professores e estudantes. De mais a mais, também contribuem para ajudar o leitor a localizar-se no tempo e no espaço, a organizar o seu pensamento analítico e a melhor compreender o encadeamento dos factos e eventos da narrativa histórica sobre a qual está debruçado (veja-se, *ad exemplum*, Benavente-Rodrigues, 2000, pp. 400–406; 2011, pp. 78–81). Como tal, espera-se que seja relevante neste sentido a contribuição do presente livro para a literatura contabilística.

Este escrito tem como principal motivação homenagear o legado de Joaquim Fernando da Cunha Guimarães (1958–2012), uma vez que este operoso publicista da contabilidade deu à estampa numerosos estudos sobre acontecimentos marcantes desta disciplina em Portugal, nos quais era muito habitual recorrer à elaboração de tabelas cronológicas (veja-se Guimarães, 2009, pp. 23–43). Aqui, Guimarães (2009), por intermédio de uma base de dados, identificou «[a]lguns dos acontecimentos mais importantes da evolução da contabilidade e da profissão de contabilista em Portugal desde 1755 até hoje», sendo precisamente este o título do capítulo da sua obra que importa referenciar e tributar. Há, ainda, que atender a uma contribuição do mesmo género, uma base de dados de três páginas sobre acontecimentos contabilísticos portugueses do século XX, cujo conteúdo pode observar-se em Rodrigues, Gomes e Craig (2003, pp. 126–128) (esta base de dados pode também ser vista em Rodrigues, Gomes e Craig, 2004, p. 39).

Assim, este trabalho estrutura-se nesses mesmos moldes, à semelhança, fundamentalmente, das pesquisas de Cunha Guimarães; porém, o estudo estende, aprofunda e atualiza significativamente a base de dados preconizada por Guimarães (2009). Outras diferenças relativamente à pesquisa de Guimarães (2009) residem no facto de o vertente livro se focar exclusivamente no século XX; catalogar, de forma inédita, as entradas em cinco diferentes dimensões de análise correspondentes a uma tipologia original de factos contabilísticos (associativismo, ensino, literatura, normalização contabilística e profissão); ser, no geral, muito mais completo; e apresentar, a montante, uma pormenorizada contextualização política, económica e social do século XX português, cujo conteúdo é crucial para o entendimento de muitos dos factos incluídos na base de dados central deste trabalho. As abordagens que levem em conta uma perspetiva da contabilidade que privilegie não apenas os aspetos técnicos da disciplina, mas sobretudo os políticos, sociais e económicos, podem trazer à discussão novos atores e agentes que contribuem para aumentar a compreensão da contabilidade (Hopwwod, 1985; Napier, 2006; Gonçalves e Marques, 2012). A circunstância de o livro também apresentar, no total, cerca de 240 entradas, em número absoluto, de referências bibliográficas, com o propósito de comentar as datas que inexoravelmente sinalizam a evolução da contabilidade em Portugal, também permite diferenciá-lo sobremaneira do estudo de Guimarães (2009). Assim é, porque este autor não utilizou mais de 50 referências e não comentou de forma substanciosa momentos fundamentais da contabilidade nacional, como sejam, por exemplo, os anos de 1963, 1977 e 1995, além de que a sua contribuição foi redigida mais em modo de relatório, muitas das vezes com recurso a apontamentos de índole pessoal, do que propriamente de acordo com a natureza e a essência de um trabalho escolar/académico que, como se sabe, tem as suas especificidades protocolares obrigatórias.

Estas diferenças equivalem, em termos práticos, às contribuições centrais do presente livro. De facto, trata-se da mais sistematizada pesquisa sobre o assunto (século XX contabilístico português) efetuada nos últimos 12 anos e, tanto quanto se crê, a única realizada nesse arco temporal (2010–2022) no que tange às cinco lentes de análise atrás referidas. Convém acentuar que a base de dados cronológica presente neste livro não se limita a descrever os fenómenos arrolados; pelo contrário, também comenta e interpreta a generalidade dos verbetes listados, além de discutir, em capítulo próprio, os acontecimentos mais representativos da evolução histórica da contabilidade portuguesa no século XX. Espera-se, deste modo, que esta contribuição se possa traduzir num repositório indispensável para posteriores investigações (*cf.* Faria, 2006).

O método utilizado para a investigação do passado contabilístico em Portugal no século XX foi o bibliográfico, o qual privilegiou a análise de fontes secundárias de informação (*e.g.*, livros, artigos, dissertações de mestrado, teses de doutoramento e comunicações apresentadas em congressos de contabilidade), e o documental, uma vez que também foram estudadas diversas fontes primárias (relacionadas, particularmente, com documentos legislativos). Quanto à metodologia de investigação, a presente pesquisa adotou uma perspetiva narrativa, o que significa que os dados obtidos por intermédio de uma revisão da literatura existente foram dispostos e organizados de acordo com uma ordem cronológica sequencial, tendo em vista a apresentação de uma única história coerente do fenómeno investigado, ainda que possa haver sub-histórias no texto (Stone, 1979; Hernández Esteve, 2001, 2013). Neste assunto, Gomes e Rodrigues (2017, p. 225) registam que «quando a investigação histórica é feita na sua forma narrativa, procura-se identificar de uma forma objetiva acontecimentos, episódios e resultados».

Por outro lado, este trabalho insere-se na corrente da história tradicional ou convencional da contabilidade, a qual, entre outras características, encara a disciplina como um fenómeno evolutivo rumo ao progresso (Carmona, Ezzamel e Gutiérrez Hidalgo, 2004; Donoso Anes, 2005; Schmidt e Gass, 2018; Duarte, Gonçalves e Góis, 2021a). A visão da história interpretada como uma coleção de eventos que podem ser sistemática e cronologicamente arranjados, começando com o primeiro acontecimento e gradualmente avançando no tempo, representa uma característica típica de estudos sob o carimbo de história tradicional da contabilidade (Carmona *et al.*, 2004).

Ao fazer tudo isto, espera-se que o corrente estudo desempenhe o papel de um agente de mudança que, capaz de estimular o interesse pela pesquisa histórica contabilística, «possa contribuir para "*tornar a contabilidade melhor*", possivelmente diminuindo a propensão para que a questão "*A história da contabilidade tem importância?*" seja colocada no futuro» (Gomes, Carnegie, Napier, Parker e West, 2011, p. 391, itálicos acrescentados). Da leitura do trabalho espera-se, outrossim, que o leitor sinta prazer na descoberta ou na recordação de informação contabilística, que se deixe contaminar pela curiosidade intelectual e que veja no mesmo um instrumento que concorra de modo útil e eficaz para o reforço da sua identidade profissional. Também se espera que o leitor, com este estudo, ganhe familiaridade com os mais credenciados autores nacionais de história da contabilidade, cujos trabalhos propositadamente — e em jeito de homenagem — constituem a base das referências bibliográficas desta exposição. De facto, como afirmado por Caiado (2006, p. 57), «os investigadores portugueses em matéria de história da contabilidade têm privilegiado os autores estrangeiros. É sempre mais fácil referenciar autores estrangeiros nas conferências e encontros de contabilidade do que introduzir autores de língua portuguesa». Desta sorte, faz-se mister conhecer e estudar os principais autores portugueses, tal como Caiado (2006) implicitamente solicita à academia.

A presente investigação encontra-se estruturada em cinco capítulos. Após a delimitação do tema, o trabalho prossegue com o segundo capítulo, cujo conteúdo regista uma contextualização política, económica e social referente ao vigésimo século português, realçando os diversos regimes políticos atravessados por Portugal ao longo da sobredita centúria, pontuando-os, sempre que possível, com apontamentos associados a temáticas contabilísticas. O terceiro capítulo apresenta os resultados da pesquisa, isto é, lista, comenta e interpreta os acontecimentos mais importantes na contabilidade em Portugal no período de 1900 a 2000. Estes acontecimentos, 75 no total, são identificados e ordenados cronologicamente de acordo com cinco temas nucleares de análise: associativismo, ensino, literatura, normalização contabilística e profissão. Em seguida, o quarto capítulo procede a uma análise e discussão acerca dos principais resultados referenciados no capítulo precedente. Em fecho, o quinto capítulo propõe, à guisa de balanço final, uma reflexão global acerca do desenvolvimento histórico da contabilidade nacional operado no século XX, bem como expõe, em visão de conjunto, algumas pistas e sugestões para futuras investigações históricas em contabilidade.

Ao longo do texto, menções a contabilidade devem ser entendidas, salvo indicação em contrário, como referentes a *Contabilidade Financeira*.

CAPÍTULO II

CONTEXTUALIZAÇÃO POLÍTICA, ECONÓMICA E SOCIAL DO SÉCULO XX PORTUGUÊS

O estudo em história exige que a análise seja transportada para a época em que os factos ocorreram; apenas assim se consegue entendê-los com adequação (Sá, 2010). O espaço e o tempo são dimensões imprescindíveis a quaisquer ramos do conhecimento humano (Sá, 2010). Por conseguinte, é indispensável, como salienta Benavente-Rodrigues (2017, p. 23), analisar o contexto «para melhor tentar perceber os acontecimentos» verificados no palco português de Novecentos.

É importante notar que o século XX representou um período crucial na história portuguesa, muito por força da grande variedade de regimes político-institucionais vigentes, cada um deles com o objetivo de estabelecer uma determinada organização económica, social e cultural (Maltez, 2005; Sardica, 2011). De facto, à guisa de balanço, Portugal assistiu, em 100 anos, à queda ou ascensão de seis regimes político-institucionais diferentes, todos eles com o seu próprio projeto de reorganização sociocultural da nação, a saber: 1) *Monarquia Constitucional Liberal* (1834–1910); 2) *Primeira República* (1910–1926); 3) *Ditadura Militar* (1926–1933); 4) *Estado Novo* (ditadura civil) (1933–1974); 5) *Processo Revolucionário em Curso* (PREC) (1974–1976); e 6) *Democracia* (de 1976 em diante, tornada plenamente europeia a partir de 1986) (Sardica, 2011).

A revolução industrial ocorrida nos séculos XVIII e XIX não foi marcante para Portugal e só moderadamente tocou o país; o número de fábricas, a produção de bens manufaturados e o pessoal operário empregado atingiam indicadores bastante exíguos à entrada do século XX, mormente se forem comparados com os números evidenciados por outros países europeus (Marques, 1980), assim a Inglaterra, a Bélgica, os Países Baixos ou a Suíça.

Em contraste com o período de 1851 a 1890, de relativas acalmia social e prosperidade económica trazidas pelo modelo de desenvolvimento económico inspirado na política de melhoramentos materiais preconizada inicialmente por Fontes Pereira de Melo (Mónica, 1999), «os últimos anos do século XIX e os primeiros do século XX foram um tempo confuso e difícil» (Sardica, 2013, p. 208) em Portugal. Alguns indicadores sociais também ajudam a enquadrar esta época. Em 1900, a população portuguesa no continente e ilhas adjacentes ascendia a 5,5 milhões de habitantes, a esperança média de vida rondava aproximadamente os 40 anos e cerca de 60% da população ativa vivia da agricultura (Sardica, 2011; Garrido, 2020; Telo, 2020). Como é bom de ver, a instrução escolar nacional era baixíssima para um país europeu: ao findar o século XIX, Portugal apresentava oficialmente uma taxa de analfabetismo na casa dos 78,6% em relação à população total (*Censo da População no Reino de Portugal no 1.º de dezembro de 1900*, volume I, 1905).

Fosse como fosse, eram estes os principais parâmetros sociais dos últimos anos da Monarquia Constitucional Liberal. Quanto aos indicadores educativos, no que concerne a estudantes do ensino comercial público e gratuito, Portugal, em 1900, dispunha de apenas dois estabelecimentos de ensino em que a contabilidade era ministrada: o Instituto Industrial e Comercial de Lisboa (assim denominado a partir de 1869) e o Instituto Industrial e Comercial do Porto (fundado em 1886); na primeira instituição estavam matriculados, no primeiro ano escolar do século XX, 207 alunos no ensino comercial (curso elementar de Comércio, curso preparatório de Comércio e curso superior de Comércio) e, na segunda, o número de matrículas ascendia, nesse ano, a 268 (curso elementar de Comércio e curso preparatório de Comércio) (Carvalho, 2008).[1] No total, apenas 475 estudantes frequentavam o ensino comercial

[1] O curso superior de Comércio apenas podia legalmente ser ministrado no Instituto Industrial e Comercial de Lisboa; acrescente-se que foi aí instituído em 1884, com um percurso inicial de quatro anos (a partir de 1886, a duração do curso passaria a ser de cinco anos) (Gonçalves, 2010). O seu principal impulsionador foi o professor Rodrigo Afonso Pequito (Gonçalves, 2010). Em 1891, num contexto de fortes restrições orçamentais e de uma grave crise económica e financeira do país, o Governo decidiu-se pela retirada do ensino elementar

profissional público em Portugal à entrada do século XX, o que sinaliza bem a dimensão exígua do país também a este nível. No que tange ao ensino secundário liceal, a escrituração comercial não era ministrada a nenhum dos sete anos do liceu: em 1900, eram 11 as disciplinas do plano curricular dos 24 liceus públicos portugueses, mas a contabilidade não fazia parte desse elenco. Numa palavra: no alvorecer de Novecentos, a contabilidade não era ensinada nos liceus nacionais.

No plano político, a 1 de fevereiro de 1908, foram assassinados em Lisboa o rei D. Carlos I e o príncipe herdeiro D. Luís Filipe. Foram ambos mortos por militantes revolucionários republicanos (Proença, 2012; Ramos, 2013). Em 5 de outubro de 1910, sob a liderança do almirante Cândido dos Reis, chefe militar supremo da revolução, deu-se a Implantação da República Portuguesa, com a consequente destituição do último monarca português, o rei D. Manuel II, filho secundogénito de D. Carlos I (Proença, 2012; Ramos, 2013). Como emblemáticas medidas políticas e económicas tomadas, a Primeira República (1910–1926), em 1911, instituiu o escudo como unidade monetária portuguesa, em substituição do real (plural: réis), uma unidade monetária nascida em 1435 no reinado de D. João I (em 1911, o escudo assumiu o valor de mil réis) e regulamentou o descanso semanal obrigatório ao domingo, estabelecendo a semana de seis dias de trabalho (Marques, 1980). Os primeiros direitos laborais surgiram em Portugal com a República. Paralelamente, também o ensino universitário mereceu uma atenção particular por parte dos responsáveis republicanos; como princípio básico, a República, em 1911, nivelou Coimbra com Lisboa e Porto, reunindo as escolas superiores já existentes nestas duas últimas cidades e estabelecendo nelas duas novas universidades

de Comércio e do ensino superior de Comércio, em Lisboa, e do ensino elementar, no Porto, reduzindo, assim, o Instituto Industrial e Comercial de Lisboa a ensino médio apenas (o Instituto Industrial e Comercial do Porto não teve ensino superior de Comércio no século XIX). Esta reorganização do ensino comercial, efetuada em outubro de 1891 e motivada pelo espírito de economia das despesas públicas, foi da responsabilidade de João Franco, ministro das Obras Públicas, Comércio e Indústria de um Governo que, curiosa e ironicamente, era chefiado por um primeiro-ministro (Presidente do Conselho de Ministros, ao tempo) que havia sido aluno da célebre Aula do Comércio de Lisboa, no biénio 1825–1827: João Crisóstomo (Gonçalves, 2017). O curso superior de Comércio regressou ao Instituto Industrial e Comercial de Lisboa em 1898; no Instituto Industrial e Comercial do Porto apenas existiu a partir de 1905, com a extensão de cinco anos, tal como sucedia no curso superior de Comércio professado em Lisboa (Costa, 1925).

(a Universidade de Lisboa e a Universidade do Porto), colocando um ponto final no monopólio quase milenar da vetusta Universidade de Coimbra (Marques, 1980; Gomes, 1990), cujas raízes mergulham no último quartel do século XII, e neutralizando, assim, «o conservadorismo obscurantista» desta última instituição de ensino superior (Rosas, 2018, p. 83). Passam a ser, assim, três as universidades do Estado: a de Coimbra, a de Lisboa e a do Porto. Em 1911, com a instauração da República e como sinal de novos tempos, foi nomeada a primeira mulher professora universitária em Portugal: Carolina Michaëlis de Vasconcelos (professora da Faculdade de Letras da Universidade de Lisboa e transferida, a seu pedido, no ano seguinte, para a Faculdade de Letras da Universidade de Coimbra).

A literatura historiográfica tem por hábito dividir a Primeira República em três arcos cronológicos: a *República Velha* (1910–1917), o *Consulado Sidonista* (1917–1918) e a *Nova República* (1919–1926) (Sardica, 2011). Portugal participou na Primeira Guerra Mundial (1914–1918) com 100 000 soldados enviados para França e África (Ramos, 2010). Em 5 de dezembro de 1917, uma revolta militar liderada por Sidónio Pais instaura em Portugal um regime presidencialista, cujo termo ocorreu em 14 de dezembro de 1918 com o assassinato, em Lisboa, deste último (Marques, 1980; Pinto e Monteiro, 2019). As epidemias de 1918 e de 1919 levaram ao falecimento de cerca de 60 000 pessoas em Portugal (Marques, 1980).

A 28 de maio de 1926, um pronunciamento militar liderado pelo general Gomes da Costa pôs fim à Primeira República e instituiu a Ditadura Militar, cuja vigência se desenrolou até ao ano de 1933 (Marques, 1980; Maltez, 2005; Sardica, 2011; Fernandes, 2019). Gomes da Costa, sublevando as tropas em Braga, marchou até Lisboa sem que tivesse encontrado resistência visível, dado que os últimos meses da República levaram a uma resignação geral que antecipava a necessidade de uma ditadura para pôr ordem no país (Sardica, 2016). Com efeito, a autocracia do Partido Republicano Português (PRP), o principal partido da Primeira República portuguesa (1910–1926) e que esteve quase sempre no poder, levou à prisão centenas de presos políticos, motivou o exílio de milhares de pessoas, originou repressões policiais com dezenas de mortos e, de um modo geral, causou em Portugal, particularmente em Lisboa, uma espiral de violência, desordem e agitação operária ao longo de toda a janela histórica relativa ao período 1910–1926.

Em continuação, em abril de 1928, no contexto da Ditadura Militar, António de Oliveira Salazar foi convidado para o Governo para o exercício da função de ministro das Finanças de um executivo chefiado pelo coronel José Vicente de Freitas, na altura o primeiro-ministro que o general Óscar Carmona, o Presidente da República, resolvera nomear para a condução política do país; o convite, propriamente dito, formulou-o Duarte Pacheco, então ministro da Instrução Pública, enviado a Coimbra para recrutar Salazar, a quem solicitou diretamente que viesse para Lisboa para pôr em ordem as finanças do Estado (Meneses, 2010). Neste enquadramento, Salazar aceitou o cargo de ministro das Finanças; no entanto, para que isso acontecesse, impôs como condição ter o poder de veto sobre todas as despesas do Estado, isto é, Salazar entrou no Governo, em 1928, com o propósito de estar no centro das decisões que envolvessem todos os gastos públicos do país, o que veio efetivamente a suceder, «pois o seu ministério ficou com o direito de vetar todas as decisões dos outros ministérios que pudessem implicar aumentos de despesa ou reduções de receita» (Lopes, 2012, p. 271). Para tal, Salazar mandou instalar delegações da Direção-Geral da Contabilidade Pública em todos os ministérios com o objetivo de exercer controlo sobre as despesas do Estado (Lopes, 2012). Deste modo, para uma melhor execução orçamental, cada ministério passou a dispor de repartições de Contabilidade Pública (Cochicho, 2011). Esclareça-se que Salazar, em junho de 1926, a convite de Gomes da Costa, havia já experimentado uma brevíssima passagem pelo Ministério das Finanças, a qual durou apenas cinco dias (Meneses, 2010), na medida em que ele não viu reunidas as condições políticas, como ministro, para colocar em prática o seu plano de correção de desequilíbrios orçamentais das finanças públicas, tanto mais que viu ser-lhe recusada a exigência de plenos poderes de veto em relação a todas as despesas públicas. De todo o modo, Salazar foi o primeiro ministro das Finanças da Ditadura Militar, ainda que o seu ministério tenha sido muito fugaz, como assinalado.

Salazar sempre «considerou os princípios de um orçamento equilibrado e de estabilidade monetária como imperativos categóricos de Portugal» (Caria e Rodrigues, 2014, p. 230). Em julho de 1932, nomeado por Óscar Carmona, Presidente da República, Salazar subiu ao topo da hierarquia do Governo, assumindo as funções de Presidente do Conselho de Ministros (primeiro--ministro). Um ano depois, em março de 1933, Salazar consegue a aprovação de uma nova Constituição, a do Estado Novo, que lhe conferia poderes ditatoriais. A Constituição Política da República Portuguesa, de 1933, do Estado Novo, introduziu em Portugal, na prática do quotidiano, uma ditadura civil que suprimiu a liberdade de expressão, de reunião e de associação, o direito à greve, a liberdade de constituição de partidos e autorizou a censura prévia à imprensa, entre outros direitos, liberdades e garantias expurgadas aos cidadãos portugueses.

De um ponto de vista global, «até ao final de 1950, Portugal possuía um baixo rendimento *per capita*, uma baixa produtividade dos trabalhadores, uma predominância de trabalhadores não qualificados e um atraso tecnológico comparativamente a outros países idênticos» (Caria e Rodrigues, 2014, p. 231). Quanto ao mais, o Estado Novo foi marcado pela Segunda Guerra Mundial (1939–1945), conflito em que Portugal se manteve neutro (Lopes, 2012), e pela Guerra Colonial Portuguesa (Guerra do Ultramar) (1961–1974), protagonizada entre as forças armadas portuguesas e as forças organizadas pelos movimentos de libertação de algumas das antigas colónias (províncias ultramarinas, com a revisão constitucional de 1951) — Angola, Guiné e Moçambique, no caso —, cujo objetivo era a independência destas últimas. Não obstante, a década de 60 do século xx pode ser considerada o período de ouro do crescimento económico português, com particular destaque para a adesão do país à Associação Europeia de Comércio Livre (*European Free Trade Association*, EFTA), em 1959, ao Fundo Monetário Internacional (FMI), em 1961, e ao Banco Mundial, em 1961, também (Cardoso, 2021). Em julho de 1972, Portugal assina um acordo de comércio livre com a Comunidade Económica Europeia (CEE).

No início de agosto de 1968, Salazar sofreu um acidente vascular-cerebral, provocado por uma queda, que o deixou incapacitado de forma permanente. O seu sucessor, Marcelo Caetano, foi nomeado Presidente do Conselho de Ministros pelo Presidente da República Américo Tomás, em setembro desse mesmo ano. O novel Presidente do Conselho de Ministros do regime estado-novista tinha como objetivo fomentar uma certa abertura política e modernizar o país, mas sem descolonizar ou democratizar, não abdicando, assim, de um regime autoritário, ditatorial e repressivo, em linha com o seu antecessor. Esta época da história política do país ficou conhecida por *Primavera Marcelista* (Sardica, 2011).

No geral, a decadência económica do país, juntamente com o desgaste provocado pela Guerra do Ultramar (morreram 8300 soldados e 26 000 ficaram mutilados), fez com que a população e as forças armadas ficassem descontentes (Sardica, 2011). Assim, em 25 de abril de 1974, operou-se em Portugal a *Revolução dos Cravos*[2], resultante da ação militar do Movimento das Forças Armadas (MFA). Sob o revolucionário lema constante do programa político do MFA — *Democratizar, Descolonizar e Desenvolver* —, Portugal rompe com um passado ditatorial de quase 50 anos, assumindo o objetivo claro de entregar o poder ao povo, via eleições democráticas sufragadas universalmente. Após a *Revolução de 25 de Abril de 1974*, o país voltou-se para uma economia de base socialista com nacionalizações de bancos e de diversas indústrias, o que contribuiu para agravar a crise económica em que Portugal já havia mergulhado (Kickert, 2011).

De 1974 a 1976, Portugal atravessou uma fase de desemprego alto, inflação elevada[3], descontentamento da classe média provocado pela subida da inflação, recessão económica e agravamento das finanças públicas (Sardica, 2011), tendo existido, nesse curto período de tempo, seis governos provisórios (todos controlados pelo MFA). Foram tempos de grande indefinição política, instabilidade social e acentuada clivagem ideológica, em especial até novembro de 1975. Os anos de 1974–1975, muito confusos no quotidiano do país, ficaram conhecidos como os anos do *Processo Revolucionário em Curso* (PREC), sendo que o momento mais intenso deste conturbado período foi atingido no verão de 1975, época particularmente difícil e na qual o país esteve à beira de uma guerra civil. Esta época, geralmente denominada *Verão Quente de 1975*, foi marcada por desvios totalitaristas, confrontos e enfrentamentos entre duas correntes opostas personificadas pelos revolucionários, por um lado, e pelos partidários da via eleitoral, por outro (tinha havido eleições em Portugal em 25 de abril de 1975 para a Assembleia Constituinte) (Vieira e Almeida, 2016). A desordem social foi ultrapassada, com a reposição da ordem característica de um Estado de Direito, aquando dos acontecimentos ocorridos a *25 de novembro de 1975*, data em que um golpe militar feito por tropas moderadas sobre tropas

[2] Como é sabido, o nome *Revolução dos Cravos* deve-se ao facto de o golpe militar de 1974 ter sido acompanhado pela quase ausência de disparos; em vez disso, surgiram cravos vermelhos nos canos das espingardas dos militares.

[3] Não tão elevada, no entanto, como em 1984, por exemplo, em que «Portugal registou uma taxa de inflação de 28,5%, um máximo histórico» (Andrade, 2017, p. 90), o que levou à revisão de muitos acordos coletivos de trabalho entre entidades patronais e associações sindicais.

extremistas sublevadas nesse dia teve o condão de terminar com a divisão da sociedade portuguesa. O *25 de novembro de 1975* criou condições políticas para uma mais rápida institucionalização da democracia em Portugal, representou a derrota do extremismo desenvolvido após o 25 de Abril de 1974 e permitiu a recondução dos partidos políticos ao centro da vida política portuguesa; dito de forma mais simples, devolveu a tranquilidade ao país, cumprindo e fazendo cumprir, assim, verdadeiramente, o espírito, a vontade e o desígnio democrático e pluralista do golpe de Estado que um ano e meio antes, em abril de 74, havia derrubado a mais velha ditadura da Europa (1926–1974). Nas exatas palavras de Mário Soares, proferidas aquando da sua tomada de posse, em 23 de julho de 1976, como primeiro-ministro do I Governo Constitucional, eleito após a conturbada experiência revolucionária de 1974–1975, «o 25 de Abril de 1974 foi restituído à sua pureza inicial em 25 de Novembro de 1975» (Soares, 1976).

A 2 de abril de 1976, foi aprovada a Constituição da República Portuguesa (Sardica, 2011). A contabilidade veio a beneficiar disso, porque o número 2 do seu artigo 107.º (Impostos) passou a determinar que «a tributação das empresas incidirá fundamentalmente sobre o seu rendimento real» (Decreto de 10 de abril de 1976, Constituição da República Portuguesa). Este preceito legal contribuiu para o desenvolvimento da contabilidade nacional operado no último quartel do século XX.

Esse ano de 1976 foi ainda marcado por uma tríade de eleições: legislativas, em 25 de abril, presidenciais, em 27 de junho, e autárquicas, em 12 de dezembro. O I Governo Constitucional tomou posse a 23 de julho de 1976, sob a chefia de Mário Soares. Para ultrapassar crises económicas graves (contas públicas em derrapagem, taxas de inflação assustadoras, aumento do desemprego, racionamento de bens, salários em atraso, queda real dos salários, entre outros aspetos), no último lustro da década de 70 e no primeiro da década de 80, Portugal experimentou dois impopulares programas de austeridade, ambos com ajuda financeira do FMI: a primeira das intervenções deu-se no segundo semestre de 1977 e, a segunda, no verão de 1983. Neste domínio, não cabem dúvidas de que estes tempos de combate à grave situação económica e social do país corresponderam a uma época muito difícil e dolorosa para os portugueses. Para os contabilistas, o tecido económico emagreceu, fazendo com que o seu mercado também tenha regredido.

Em 1986, Portugal passou a integrar a CEE de forma plena (o pedido institucional de adesão foi feito em 28 de março de 1977), o que fez com que a economia portuguesa se desenvolvesse de modo significativo, registando-se um aumento geral das condições de vida e de trabalho dos portugueses. Os principais indicadores sociais aproximaram-se das médias europeias e a sociedade portuguesa conheceu um processo de mudança extraordinariamente rápida com a abertura ao exterior (comércio livre, emigração, turismo e integração europeia) (Barreto, 2020). Esta abertura da economia ao exterior trouxe transformações relevantes para o aumento do investimento em infraestruturas e em capital humano, para o aumento do investimento direto estrangeiro no país proveniente, principalmente, de países da CEE e para a evolução do sector exportador (Costa, Lains e Miranda, 2011; Aguiar e Martins, 2012), o que, numa visão de conjunto, também se traduziu no desenvolvimento da contabilidade portuguesa no período pós-integração europeia por via do desenvolvimento do tecido empresarial nacional, o qual, como defende Kickert (2011), beneficiou dos fundos estruturais de apoio comunitários com vista à prossecução de fins de coesão económica e social no espaço económico europeu.

Noutro plano, em 1 de janeiro de 1999, Portugal adere à moeda única europeia, o euro, com a fixação das taxas de câmbio dos países-membros, numa primeira fase e, em 1 de janeiro de 2002, numa segunda etapa, adere à moeda única com a introdução e circulação material das novas moedas e notas de euros no espaço da União Económica e Monetária. O país fecha o século com 10,4 milhões de habitantes a título de população residente (Costa, Lains e Miranda, 2011).

Em remate do exposto, para um país com uma existência já tão longa como Portugal, o século XX representou talvez o período mais agitado e importante dos quase 900 anos da sua evolução; mudaram os regimes políticos, os modelos de desenvolvimento económico, as ligações internacionais, a sociedade, a ciência, a tecnologia, a cultura, os valores e as mentalidades (Maltez, 2005; Sardica, 2011); e mudou, também — deveras —, a contabilidade, como se demonstrará de ora avante.

CAPÍTULO III

EVOLUÇÃO DA CONTABILIDADE PORTUGUESA DURANTE O SÉCULO XX

Ao longo do século xx, foram muitos os acontecimentos que contribuíram para o progresso da contabilidade portuguesa. Nestes termos, para uma melhor compreensão dos fenómenos atinentes ao desenvolvimento da contabilidade nacional, procedeu-se à elaboração de uma extensa listagem, cujo conteúdo versa sobre os mais importantes acontecimentos contabilísticos do século xx português, adequadamente ordenados e comentados de forma cronológica. A informação encontra-se organizada como segue: no topo de cada entrada, o ano do acontecimento; depois, o enunciado do próprio acontecimento contabilístico a salientar; mais abaixo, a referência ao enquadramento desse mesmo acontecimento contabilístico em linha com um dos cinco temas (ou prismas de análise) escolhidos, de forma inédita, para esta investigação (associativismo, ensino, literatura, normalização contabilística e profissão); por último, cada entrada contém comentários, devidamente fundamentados na literatura académica, relacionados com o acontecimento contabilístico selecionado. Em corolário, observe-se, assim, a listagem dos 75 eventos histórico-contabilísticos ocorridos em Portugal no século xx que, na opinião dos autores deste livro, merecem ser examinados de forma particular.

1901
Criação das Sociedades por Quotas
Tema: Profissão

— «Em 11 de abril de 1901 foi publicada *a Lei das Sociedades por Quotas*, o que potenciou a construção de sociedades e também o interesse pela contabilidade» (Carqueja, 2011, p. 19).

— Como é sabido, a criação de empresas com responsabilidade limitada é fator indutivo do desenvolvimento capitalista, económico e contabilístico de um país.

— A institucionalização das sociedades por quotas, em Portugal, teve por objetivo permitir a constituição de sociedades em que aos sócios, geralmente em número pequeno, fosse possível participar efetivamente na administração dessas empresas (o que não acontecia nas sociedades anónimas, criadas em 1867), limitando, todavia, a sua responsabilidade ao valor da sua quota e ao valor de todas as quotas subscritas e não realizadas (o que não acontecia nas sociedades em nome coletivo, criadas em 1833 no Código Comercial de Ferreira Borges) (Veloso, Marques e Ferrão, 1989).

— A partir de 1901, passou a haver assim um quinto tipo de sociedades comerciais: as sociedades por quotas. O Código Comercial, de 1888, já dividia as sociedades comerciais em: (1) sociedades anónimas; (2) sociedades em nome coletivo; (3) sociedades em comandita; e (4) sociedades cooperativas (estas deveriam assumir uma das três formas anteriores). Aproveita-se a oportunidade para referir que o Código Comercial em vigor (o de 1888, conhecido pelo nome do seu principal autor, Veiga Beirão, ministro dos Negócios Eclesiásticos e Justiça, em 1888) estipulava como livros de contabilidade (e comércio) obrigatórios os seguintes: Livro Diário, Livro de Razão, Copiador (de cartas comerciais) e Livro de Inventário e Balanços.

— A Lei de 11 de abril de 1901 foi apenas revogada em 1986, com a entrada em vigor, em 1 de novembro desse ano, do Código das Sociedades Comerciais (Decreto-Lei n.º 262/86, de 2 de setembro).

1902
Fundação da Escola Prática Comercial Raul Dória no Porto (escola de ensino privado)
Tema: Ensino

— «Faz parte da história do ensino da contabilidade, em Portugal, o papel promotor que no início do século xx, em 1902, foi desempenhado no Porto pela Escola Prática Comercial Raul Dória» (Carqueja, 2011, p. 19).
— A escola dispunha de uma Sala de Comércio, onde os alunos podiam praticar diversas matérias curriculares (Barata, 2019, p. 4).
— Foram introduzidos exames finais para garantir a qualidade e excelência do ensino e foi fixado um curso de guarda-livros, com a duração de três anos, tendo cada um cinco disciplinas (Barata, 2020).
— «No ano letivo de 1915/1916 a matrícula subiu até 317 alunos, dos quais 117 eram internos, número máximo conseguido até então» (Barata, 2020, p. 6).
— Esta escola de ensino particular dispunha de vários cursos, como, por exemplo, o curso de empregado de comércio/escritório e o curso secundário de Comércio, mas o mais frequentado foi, de longe, o curso de guarda-livros (Vieira, 2010). Tinha cursos noturnos, cursos por correspondência e, em 1904, um curso comercial para senhoras, o primeiro do país (Vieira, 2010). De 1910/1911 a 1963/1964 registou a matrícula de 8450 alunos e note-se, também, que em 1927/1928 o curso de guarda-livros já tinha a duração de cinco anos (Vieira, 2010).
— Esta escola foi responsável pela edição de duas revistas (*O Guarda-Livros* e a *Revista de Contabilidade*) e manteve-se em atividade até 1964 (Carqueja, 2011).
— A escola tinha dormitórios próprios para os alunos internos; os professores imprimiam os livros que utilizavam nas aulas das suas disciplinas nas oficinas tipográficas da própria escola; foi visitada várias vezes por diversos membros do Governo (por exemplo, em julho de 1913, foi visitada oficialmente por Afonso Costa, Presidente do Conselho de Ministros, *i.e.*, primeiro-ministro); e recebeu centenas de alunos internacionais, em particular estudantes provenientes do Brasil (Dória, 1967a, b).

1907
Normalização contabilística para o sector das empresas de seguros

Tema: Normalização contabilística

— Com os Decretos de 21 de outubro e de 29 de dezembro de 1907, o legislador criou o Conselho de Seguros e regulamentou a informação a prestar pela atividade seguradora (Carqueja, 2011; Saraiva e Alves, 2018; Saraiva, Alves e Gabriel, 2020). O sector segurador foi, em termos cronológicos, o segundo sector em Portugal a ser alvo de medidas legislativas conducentes à normalização contabilística; o primeiro foi o bancário, na última década de Oitocentos (ano de 1894), havendo, depois, diversas outras medidas legislativas ao longo do século XX (Vidal, 1956). Com efeito, o Decreto de 12 de julho de 1894, ano em que a chefia do Governo cabia ao político regenerador Hintze Ribeiro, estabeleceu a primeira legislação de enquadramento da atividade bancária em Portugal, a qual definiu, entre outros aspetos, que os balancetes mensais e o balanço anual seriam organizados segundo um modelo uniforme, o que a Portaria de 1 de setembro de 1894 veio a concretizar por intermédio, por exemplo, de um modelo obrigatório de balanço bisserialista com duas séries de contas, apenas (11 do ativo e dez do passivo) (Ferreira, 2013). Em 1894, havia em Portugal 46 bancos comerciais (Ferreira, 2013).

— Relativamente à atividade das empresas seguradoras, a legislação de 1907 obrigava-as a apresentar contas de forma organizada e sistemática, nomeadamente, as peças contabilísticas do balanço e dos resultados, complementadas por um relatório económico-financeiro (Saraiva *et al.*, 2020).

— Interessantemente, o Instituto Superior de Comércio de Lisboa, a partir de 1912, segundo o diploma da sua organização, passou a ministrar uma cadeira de Contabilidade de Seguros; tratava-se da 21.ª cadeira, com o nome completo de Seguros, Instituições de Previdência e Contabilidade de Seguros (Diário do Governo, 13 de maio de 1912). A cadeira pertencia ao 5.º ano do curso superior de Comércio e, na altura, apenas era professada em Lisboa, porquanto o curso superior de Comércio existente na cidade do Porto no Instituto Industrial e Comercial do Porto tinha uma estrutura curricular bastante diferente da do Instituto Superior de Comércio de Lisboa, a qual (a estrutura curricular do Instituto Industrial e Comercial do Porto) não contemplava a disciplina de Contabilidade de Seguros. Igualmente digno de registo é saber-se que o curso superior de Comércio do Instituto Superior de Comércio de Lisboa dispunha na sua estrutura curricular da cadeira de Especulação Comercial, Contabilidade Bancária e Instituições Comerciais (18.ª cadeira), professada ao 4.º ano, a qual também não existia no Porto no curso superior de Comércio do Instituto Industrial e Comercial do Porto.

1908
O Guarda-Livros
Tema: Literatura

— A publicação *O Guarda-Livros* foi uma das duas revistas editadas pela Escola Prática Comercial Raul Dória, tendo sido distribuída entre agosto de 1908 e março de 1914 (Carqueja, 2011). Era um periódico quinzenal. Não foi o primeiro periódico português de contabilidade: essa honra pertence ao boletim *O Comércio*, publicado pela primeira vez em 31 de março de 1897, sob os auspícios da Associação de Classe dos Empregados de Contabilidade (associação fundada em 1894).
— O diretor da revista era Raul Dória. Carqueja (2002) anota que, em sua opinião, esta publicação correspondeu a um dos melhores testemunhos do saber contabilístico em Portugal no início do século XX. A revista *O Guarda-Livros* registou 84 números, no total (Dória, 1967a, b).
— Em 1916, a revista *O Guarda-Livros* foi substituída pela segunda publicação da Escola Prática Comercial Raul Dória, a *Revista de Contabilidade*, uma publicação que, no entanto, registou uma existência muito efémera, já que o último número é de 1917.

1911
Extinção do Instituto Industrial e Comercial de Lisboa (IICL)
Tema: Ensino

— Com a Primeira República (1910–1926), foi extinto o Instituto Industrial e Comercial de Lisboa, procedendo-se ao desdobramento deste estabelecimento de ensino em duas escolas que viriam a deixar uma marca de indelével qualidade no panorama geral do ensino superior nacional. O Instituto

Superior de Comércio (mais tarde, Instituto Superior de Ciências Económicas e Financeiras, ISCEF, em 1930) e o Instituto Superior Técnico, este ainda em pujante atividade (Portela, 1968). A Primeira República não extinguiu o Instituto Industrial e Comercial do Porto; este existiu até 1918, ano em que foi cindido em Instituto Comercial do Porto (ICP) e Instituto Superior de Comércio do Porto (ISCP) (este último existiu até 1933 e o primeiro até 1976).

1912
Publicação do primeiro livro português sobre Auditoria Financeira
Tema: Literatura

— Com o título *Verificações e Exames de Escrita*, o seu autor foi Ricardo José de Sá (Guimarães, 2009). A atividade profissional de auditor financeiro denominava-se (informalmente), à época, perito contabilista. O professor Gonçalves da Silva (1904–1990) confidenciou, em 1984, ter sido testemunha do respeito e da veneração que os melhores guarda-livros dos princípios do século XX nutriam por Ricardo José de Sá (veja-se Silva, 1984).
— Em relação à contabilidade, relembre-se, a propósito, que o primeiro livro português sobre este tema foi impresso não no início do século XX, mas, sim, em meados do século XVIII, mais concretamente no ano de 1758, em Lisboa, por um autor francês, de seu nome João Baptista Bonavie (1705–1780), nascido em Antibes (Sudeste de França, na Provença) e que, interessantemente, à data da publicação, se encontrava oficialmente em falência comercial (Gonçalves, 2021). O livro intitulou-se *Mercador Exacto nos seus Livros de Contas* (*cf.* Bonavie, 1758). No que concerne aos livros de contabilidade portugueses publicados no século XIX, abra-se aqui um parêntese para sublinhar que Sousa e Conde (2021) são de opinião de que o livro *Curso de Contabilidade Comercial*, de Rodrigo Afonso Pequito, publicado em Lisboa, em 1875, constitui o melhor livro de escrituração e contabilidade português dado à estampa nessa centúria. Este livro do professor Pequito foi escrito para servir como manual de referência e de apoio aos estudantes da cadeira que, ao tempo, lecionava no curso comercial do Instituto Industrial e Comercial de Lisboa (tratava-se da 1.ª cadeira do curso comercial, sem denominação oficial atribuída legal e institucionalmente,

em 1875, mas que compreendia a Contabilidade, a Escrituração Comercial, o Cálculo Comercial e Exercícios Práticos sobre Câmbios, Seguros e Contratos Comerciais (Gonçalves, 2011).

1913
Fundação da Associação dos Comercialistas Portugueses
Tema: Associativismo

— Em 1913, foi fundada a Associação dos Comercialistas Portugueses, que publicou o *Boletim da Associação dos Comercialistas Portugueses* (Carqueja, 2011). Os comercialistas eram os diplomados com o curso superior de Comércio (tanto o de Lisboa como o do Porto).
— Identicamente, em 1926 foi criada a Associação dos Comercialistas do Norte de Portugal (Carqueja, 2011).

1914
Revista de Comércio
Tema: Literatura

— A *Revista de Comércio* teve como diretor Moses Bensabat Amzalak e era inicialmente propriedade da Associação Académica do Instituto Superior de Comércio de Lisboa (Carqueja, 2002).

1914
Publicação do primeiro livro sobre Contabilidade Industrial
Tema: Literatura

— Raul Dória publica o primeiro livro sobre contabilidade industrial, o *Contabilidade Industrial e Contabilidade Mineira — Apontamentos* (Gonçalves, 2020). No século XIX, diversos autores incluíam já nos seus livros capítulos de contabilidade industrial (por exemplo: Rodrigo Afonso Pequito, em 1875, no livro *Curso de Contabilidade Comercial*), mas o primeiro livro integral português sobre matérias de contabilidade industrial foi da autoria de Raul Dória.

1917
Criação da Associação de Guarda-Livros Portugueses
Tema: Associativismo

— «Conforme Alvará de 17 de dezembro de 1917, foi criada a Associação de Guarda-Livros Portugueses (Associação de Classe)» (Carqueja, 2011, p. 21).
— É sabido que a Primeira República permitiu a existência de associações de profissionais, ao abrigo, aliás, de uma legislação que já datava da Monarquia Constitucional Liberal (ano de 1891, em concreto).
— Com o Estado Novo (1933–1974), as associações de classe (e os sindicatos livres, também) que, em 1933, recusassem a sua transformação em *sindicatos nacionais* controlados pelo Governo, alterando os seus estatutos em linha com o consagrado nas leis do Estado Novo, seriam dissolvidas e declaradas ilegais; as centenas de *sindicatos nacionais* surgidos em 1933 e depois desta data tinham como obrigação renunciar à luta de classes e ao internacionalismo sindical (Patriarca, 1991; Barreto, 2000), como à frente se mostrará.

1918
Reforma do ensino comercial em Portugal
(por Azevedo Neves, ministro do Comércio de Sidónio Pais)
Tema: Ensino

— O Decreto n.º 5029, de 1 de dezembro de 1918 (reforma de Azevedo Neves), depois de exaustivamente fazer a evolução histórica do ensino técnico em Portugal, manda organizar o ensino comercial da seguinte forma: (1) *Aulas Comerciais*, a existirem em Aveiro, Braga, Faro, Leiria, Torre de Moncorvo, Viana do Castelo e Vila Real e a serem ministradas em cursos de dois anos em regime diurno e noturno, para menores e maiores de 18 anos, respetivamente; (2) *Escolas Elementares de Comércio* (Escolas Comerciais), a criar em Coimbra, Faro, Figueira da Foz, Lisboa, Porto, Setúbal e Viseu, e cujos cursos tinham a duração de três anos (por exemplo, em Coimbra, o curso elementar de Comércio passou a ser ministrado na Escola Industrial e Comercial Brotero, dado que a Escola Industrial Brotero já existia na cidade desde 1889); (3) *Institutos Comerciais* (em Lisboa e no Porto), cujos cursos médios de comércio tinham a duração de quatro anos; e (4) *Institutos Superiores de Comércio* (em Lisboa e no Porto), onde eram ministrados os cursos superiores aduaneiro, consular e de comércio (cursos superiores de cinco anos) (Magalhães, 2010; Costa e Alves, 2021).

— Os Institutos Comerciais de Lisboa e do Porto, fundados em 1918, existiram até ao ano de 1976, ministrando ensino médio (e não superior).

— Com a reforma de 1918, nos institutos comerciais de Lisboa e do Porto, também se anota que, entre 1919 e 1930, além do curso médio de Comércio de quatro anos acima referenciado, se ministrou também um curso geral de Comércio de dois anos, ainda que este último não incorporasse — ao contrário do primeiro — disciplinas de contabilidade (Rodrigues, 1938; Gonçalves, 2006).

— Pode concluir-se que a Primeira República favoreceu a criação de escolas comerciais (e industriais, de resto), ajudando a democratizar o acesso a este tipo particular de educação pós-instrução primária (Grácio, 1998; Proença, 1998).

— A reforma de 1918 de Azevedo Neves, reorganizando a rede do ensino técnico comercial de nível secundário, ampliou-a de «30 para cerca de 50 escolas técnicas» (Alves, Sousa, Morais e Araújo, 2009, p. 31), continuando, no entanto, a existir «socialmente um grande desfasamento entre a "dignidade" do Liceu e a da Escola Técnica» (Alves *et al.*, 2009, p. 31), a última dizendo respeito a escolas comerciais, escolas industriais e escolas mistas (industriais e comerciais).

1921
Criação, em Coimbra, do Instituto Industrial e Comercial
Tema: Ensino

— Fundação, em 5 de dezembro de 1921, do Instituto Industrial e Comercial de Coimbra, pelo Decreto n.º 7869; esta escola apenas funcionou até 1926 (Gonçalves, 2020; Mendes, 2021). Ainda que tenha funcionado por apenas quatro anos letivos, o instituto era, em média, frequentado por cerca de 50 estudantes por ano (Gonçalves, 2020).

— A circunstância de o Presidente da República de então, António José de Almeida, ser natural do concelho de Penacova (distrito de Coimbra), teve influência na deliberação relativa à criação desta escola (Mendes, 2021). Coimbra igualava, assim, Lisboa e Porto, passando a estar dotada de um estabelecimento de ensino técnico médio.

— Entretanto, como conta Mendes (2021, p. 35), «de forma inesperada, pouco mais de dois meses após a queda da Primeira República e da instauração da ditadura militar», o Decreto n.º 12 091, de 10 de agosto de 1921, procedeu, por motivos de poupança do erário público, à extinção do Instituto Industrial e Comercial de Coimbra. Os cerca de 100 alunos matriculados em setembro de 1926 puderam concluir os cursos industrial e comercial até 1930 (Mendes, 2021).

1924
Sector da indústria de moagem de cereais
Tema: Normalização contabilística

— Os cuidados do legislador estenderam-se à indústria de moagem (em 1924 e 1928) e impuseram normas de informação contabilística, com propósitos de fiscalização ou de fomento (Carqueja, 2011).

— Nesta época, o mercado das moagens era livre, mas os lucros das empresas de moagem eram controlados pelo Estado. O preço de venda da farinha necessária como matéria-prima da indústria da panificação era fiscalizado a fim de não encarecer o preço final do pão e também com o objetivo de controlar a acumulação de grandes capitais dos moageiros, pois no tempo da I Guerra Mundial (1914–1918) registaram-se tentativas de inflacionar os preços por parte das fábricas de moagem. Existiam cerca de 200 fábricas de moagem de cereais em Portugal no final da Primeira República (1926). As avaliações de preços eram rigorosas e as inspeções estatais demoradas (Pais *et al.*, 1978).

— Estas foram algumas das razões que levaram o Estado, em 1924, a impor às fábricas de moagem normas mínimas de informação contabilística; o sector era, de facto, muito controlado e fiscalizado e os negócios da moagem estavam na ordem do dia, porque, no passado, haviam-se traduzido em lucros muito avultados e preços especulativos da farinha. Justificava-se um controlo apertado sobre os moageiros, porque na Primeira República, até 1923, parte do preço do pão era subsidiado pelo Estado (o que ficou conhecido na historiografia por *pão político*) (Pais *et al.*, 1978). Este sistema (o *pão político*) resultou dos elevados impostos alfandegários que recaíam sobre as importações de trigo (o pão era feito de trigo, maioritariamente); para compensar o preço do trigo, que tinha assim uma composição fiscal, o Governo compensava as indústrias de moagem para que dessa forma fosse mais baixo o preço de venda do pão ao consumidor final. Tratava-se, em suma, «de um subsídio concedido à indústria moageira» (Marques, 1980, p. 20) com contrapartidas de controlo contabilístico exigidas pelo Estado.

— Em 1938, intensificou-se a normalização contabilística para a indústria de moagem de cereais com mais legislação sobre o assunto; a contabilidade era obrigatória para este sector.

1925
Gazeta do Empregado de Escritório
Tema: Literatura

— A redação e administração ficavam em Arraiolos; a revista tinha como diretor Bernardino Barreiros Godinho (Carqueja, 2002, 2011).

1926
Revista de Comércio e Contabilidade
Tema: Literatura

— Foram publicados seis números apenas, todos em 1926. O poeta Fernando Pessoa publicou aqui diversos artigos sobre a temática da contabilidade e do governo das sociedades (por exemplo, em relação a este último tema, publicou no n.º 1 um artigo de três páginas com o título «A inutilidade dos Conselhos Fiscais e dos Comissários do Governo nos bancos e nas sociedades anónimas» (Gonçalves, 2020).

— Esta revista mensal foi dirigida, administrada e editada por Francisco Caetano Dias, cunhado de Fernando Pessoa (Guimarães, 2009).

1928
Criação da Associação de Classe dos Contabilistas e Guarda-Livros do Norte de Portugal
Tema: Associativismo

— Foi constituída em 28 de janeiro de 1928 (Guimarães, 2009; Carqueja, 2011); porém, mais tarde, em 1934, passou a denominar-se, pelas razões expostas na entrada relativa ao ano de 1917, Sindicato Nacional dos Contabilistas e Guarda-Livros do Distrito do Porto (SNCGLDP) (Santos, Santos e Saraiva, 2019). O SNCGLDP foi dissolvido pelo Governo em 1943 (Santos *et al.*, 2019); as razões invocadas para a dissolução podem ver-se em Coelho (2016, pp. 284–285).

1929
Reforma fiscal (Decreto n.º 16731, de 13 de abril)
Tema: Profissão

— Em 1929, a reforma fiscal levada a cabo por António de Oliveira Salazar, ministro das Finanças de um Governo do período da Ditadura Militar, contribuiu para que a contabilidade e a profissão sofressem uma involução, ou, pelo menos, um revés. A reforma fiscal tributária foi geral, mas, no que respeita à *contribuição industrial* da maioria das empresas, este decreto veio estipular que elas seriam tributadas pelos seus rendimentos presumidos. Ora, deste modo, para a administração fiscal e para o país seria indiferente que as empresas dispusessem de contabilidade organizada, o que em muito prejudicou a evolução da profissão.
— Salazar dividiu os contribuintes em três grupos essenciais no que respeitava à contribuição industrial: no grupo A, constavam os ofícios tributados por taxa fixa; no grupo B, as sociedades anónimas e as em comandita por ações, as quais eram tributadas pelo seu capital social à taxa de 3,5%; e, no grupo C, incluíam-se a generalidade das empresas comerciais e industriais, que passariam a ser tributadas pelos seus lucros presumidos, a uma taxa de 15% (Vasques, 2018). Nenhum destes três grupos era tributado pelos seus lucros reais.

— A tributação pelo rendimento (lucro) presumido vigorou em Portugal entre 1929 e 1963. Genericamente, isto significou uma tributação arbitrária, injusta e difícil de compreender, porquanto consistia essencialmente na fixação para cada contribuinte, por parte dos chefes de repartição das finanças (informados por um corpo de funcionários, muitos deles impreparados tecnicamente), do rendimento que, segundo o seu critério subjetivo puramente pessoal, consideravam como normal para cada empresa (Azevedo, 2011). Naturalmente que esta situação, que vigorou em Portugal por mais de 30 anos, constituiu um fator de bloqueio ao desenvolvimento das técnicas contabilísticas e limitativo do próprio trabalho dos profissionais, dado que o lucro real apurado pela contabilidade não era tributado em Portugal.

— Esta medida legislativa de 1929 foi uma iniciativa de um Governo chefiado por José Vicente de Freitas (ele era o Presidente do Conselho de Ministros) e no qual António de Oliveira Salazar era, como se escreveu, ministro das Finanças.

— A reforma fiscal de 1929 veio abolir os princípios consagrados por uma outra reforma fiscal ocorrida em Portugal nos tempos da Primeira República: a de 1922, empreendida em abril por um Governo presidido por António Maria da Silva. Esta reforma fiscal de 1922, considerada pela literatura a primeira reforma fiscal do século XX português, reformou inteiramente o imposto da *contribuição industrial*, o qual já vinha de meados do século XIX, registe-se (o imposto da contribuição industrial foi criado no nosso sistema fiscal em 30 de julho de 1860 no reinado de D. Pedro V, num Governo do Duque de Loulé, em substituição da Décima Militar e Maneio de Fábricas). A reforma fiscal de 1922 introduziu, relativamente a este imposto a pagar pelas empresas, o regime de tributação de lucros reais, o qual era composto, ainda assim, por uma taxa fixa anual paga adiantadamente em função de determinados indicadores (como o capital social ou o número de empregados) e por uma taxa complementar (de 10%) sobre os lucros verificados realmente (lucros reais). No entanto, este sistema tributário foi um fracasso, porquanto o país de então não dispunha de recursos públicos capazes de executar o princípio da tributação pelo lucro real, e «porque a desordem económica e a desorganização social reinantes convidavam os contribuintes à indisciplina e à fraude» (Pereira e Mota, 1991, p. 50). A reforma fiscal de 1922 nunca chegou a ser inteiramente aplicada, fracassando devido quer às carências da administração pública, quer ao antagonismo dos meios de negócios e dos sectores mais conservadores, oposição que motivou a demissão, em agosto de 1922, do ministro das Finanças (Silva, 2021) que a idealizara, Albano Portugal Durão. Em 1923, surgiria o recuo do Governo, aprovando-se instruções provisórias que reconduziriam a contribuição industrial à mera aplicação de uma taxa sobre a faturação bruta das empresas (Vasques, 2018).

1929
A Voz do Comércio
Tema: Literatura

— Este jornal foi publicado de janeiro de 1929 até agosto de 1930 (40 números, no total) e tinha como subtítulo *Quinzenário dos Contabilistas e Guarda-Livros*, sendo publicado pela Associação dos Contabilistas e Guarda-Livros do Norte de Portugal (Guimarães, 2009). Em julho de 1931, publicou-se o n.º 1 da 2.ª série; aparentemente, a *Voz do Comércio* não mais se editou como periódico. A sua redação era na cidade do Porto e o seu diretor e administrador foi o contabilista e professor António Martins da Fonseca.

— O primeiro artigo publicado em Portugal sobre Luca Pacioli[4] foi dado ao prelo na *Voz do Comércio*, em 1929. O seu autor foi um contabilista brasileiro de nome Carlos Carvalho que, há quase 100 anos, escrevia o seguinte: «Tem-se dito, senhores, que foi Paciolo [*sic*] o inventor das partidas dobradas. Nada mais errado. Ele foi apenas o seu primeiro expositor» (Carvalho, 1929, p. 18).

— Ainda em 1929, este periódico também publicou em Portugal o primeiro artigo dedicado à Aula do Comércio de Lisboa (consulte-se Duarte,

[4] Luca Pacioli, o pai fundador da contabilidade moderna, foi o primeiro autor a expor, em letra de imprensa, as partidas dobradas, num livro que publicou em Veneza, em 1494. Esse livro intitulou-se *Summa de Arithmetica, Geometria, Proportioni et Proportionalita* (*Coletânea de Aritmética, Geometria, Proporções e Proporcionalidade*), uma obra com 616 páginas. Uma pequena secção desta obra, com um total de 27 páginas, foi dedicada à contabilidade: tratou-se do *De Computis et Scripturis* (*Sobre as Contas e a Escrituração*). Pacioli é, assim, um autor de grande notoriedade na contabilidade universal, não por ter inventado o método das partidas dobradas, mas, sim, por o ter divulgado pela primeira vez, *urbi et orbi*, em sede de um livro impresso.

Gonçalves e Góis, 2021b), a primeira escola no mundo a ensinar oficialmente contabilidade por partidas dobradas a partir de 1759 (Gonçalves, 2017, 2019).

— A *Voz do Comércio*, conquanto o título em apreço possa ser causa de dúvida, correspondeu a uma publicação que, na prática, se constituiu como uma verdadeira revista de contabilidade, pois nela eram assíduos artigos sobre a origem e o desenvolvimento das partidas dobradas, artigos sobre problemas reais de contabilização (empresas de pesca do bacalhau, companhias de seguros, mercadorias enviadas à consignação, por exemplo), respostas a questões jurídicas dos assinantes e, inclusivamente, apresentação de breves enunciados de exercícios práticos sobre escrituração e sobre aritmética comercial, com a resolução a ser fornecida em edição vindoura.

1929
***Lições de Contabilidade Geral*, livro de Jaime Lopes Amorim**
Tema: Literatura

— Jaime Lopes Amorim era, ao tempo, professor no Instituto Superior de Comércio do Porto. A obra apresentava no subtítulo a referência *Preleções Feitas ao Curso de Contabilidade Geral Durante o Ano Lectivo de 1928–1929.*

— O livro de Lopes Amorim, em 1929, corresponde a um salto de qualidade nos textos académicos (Carqueja, 2011).

— A obra constitui um marco histórico no panorama livreiro em Portugal, contribuindo para posicionar a contabilidade numa perspetiva científica e ao nível do ensino superior (Guimarães, 2009).

— «Esta obra, de assinalável valor teórico e científico, na qual o professor apresenta e critica as principais escolas contabilísticas, foi uma verdadeira revolução para a época» (Faria, 2011, p. 145).

— O *Lições de Contabilidade Geral* é, possivelmente, o livro de contabilidade mais influente da primeira metade do século XX português. É também este o primeiro livro em Portugal a apresentar de forma sistematizada matérias de história da contabilidade. Neste domínio, cumpre destacar que «o primeiro livro dedicado ao estudo das origens e desenvolvimento da contabilidade, embora com referência específica a textos sobre a matéria escritos na língua inglesa, é o de Benjamin Foster, de 1852» (Hernández

Esteve, 2013, p. 48), com o título *The Origin and Progress of Bookkeeping* (*A Origem e o Progresso da Escrituração*), publicado em Londres (veja-se Foster, 1852).

1930
Reforma do ensino técnico superior em Portugal
(por Gustavo Cordeiro Ramos, ministro da Instrução Pública da Ditadura Militar)
Tema: Ensino

— O Instituto Superior de Comércio de Lisboa passa a denominar-se Instituto Superior de Ciências Económicas e Financeiras (ISCEF), uma escola da Universidade Técnica de Lisboa, também criada em 1930 (Gonçalves, 2020). Neste tempo, o ISCEF ministrou a licenciatura em Ciências Económicas e Financeiras, na qual era professada a cadeira de Operações Comerciais e Contabilidade Geral (era a 22.ª cadeira) (Portela, 1968; Gonçalves, 2020). Cumpre também destacar a existência da 24.ª cadeira (1.ª Parte), denominada Contabilidade Industrial e Contabilidade Agrícola, e a 25.ª cadeira, intitulada Contabilidade Pública e Administrativa (Portela, 1968).
— A licenciatura em Ciências Económicas e Financeiras organizava-se em quatro secções que correspondiam, na prática, a quatro especializações: secção aduaneira, secção diplomática e consular, secção de finanças e secção de administração comercial (Cardoso, 2021). O diploma da secção de finanças servia como habilitação para a Direção-Geral das Contribuições e Impostos, Direção-Geral da Fazenda Pública, Direção-Geral de Estatística, Tribunal de Contas e Direção-Geral da Contabilidade Pública, entre outros organismos públicos.
— De 1949 a 1972, apenas dois cursos superiores existiram no ISCEF, Economia e Finanças, ambos com a duração de cinco anos (Costa, 1980).
— O ISCEF existiu até 1972, passando nessa data a denominar-se Instituto Superior de Economia (ISE); em 1989, o ISE passou a Instituto Superior de Economia e Gestão (ISEG). O ISEG pertence, atualmente, à Universidade de Lisboa.

1931
Criação do curso de contabilista (Instituto Comercial de Lisboa)
Tema: Ensino

— Através do Decreto-Lei n.º 20 328, de 21 de setembro, surgiu o curso de contabilista, no Instituto Comercial de Lisboa (com a duração de quatro anos) e, mais tarde, em 1933, no Instituto Comercial do Porto (com a mesma duração) (Costa e Alves, 2021). O curso habilitava para lugares de Estado, para peritos contabilistas dos tribunais de comércio, para chefes de contabilidade e para administradores de falências (Antunes, 1939).
— O curso de contabilista conferia aos diplomados o título académico de *contabilista*; também passou a ser ministrado no Instituto dos Pupilos do Exército, a partir de 1931.
— Esta reforma de 1931 estabeleceu que passaria a ser professado apenas um curso nos Institutos Comerciais de Lisboa e do Porto (e também no dos Pupilos do Exército): o curso de contabilista. O maior reparo que os estudantes fizeram à reforma consistiu no facto de a cadeira de Física (que tinha a duração de dois anos no antigo curso geral de Comércio) não ter sido eliminada no novo plano curricular do curso de contabilista, mas antes reduzida a um ano, o que ainda assim era criticado por Rodrigues (1938, p. 165), ex-estudante da cadeira de Física, nos seguintes moldes: «O esforço que o aluno [nesta cadeira] é obrigado a despender é francamente inglório e cansa de tal modo que muitas vezes não há disposição mental para o estudo de outras matérias.»
— Em 1950, passou a ter a duração de três anos (não era equiparado a um bacharelato, sequer) e, depois de terminado o curso, muitos estudantes transitavam para o ISCEF para a obtenção da licenciatura em Economia ou em Finanças (Costa e Alves, 2021).

1933
Revista de Contabilidade e Comércio
Tema: Literatura

— A revista foi fundada por José Henriques Garcia e teve como diretor durante os dois primeiros anos Francisco Caetano Dias (Guimarães, 2009; Carqueja, 2011).

— Foi uma revista trimestral com sede no Porto. O último número deste periódico (n.º 240) foi distribuído em janeiro de 2011. O professor Hernâni Carqueja foi durante décadas o diretor e o proprietário da revista.
— É consensualmente aceite que esta revista foi, em Portugal, o periódico de referência da contabilidade no século xx.

1933
Decreto-Lei n.º 23 050, de 23 de setembro de 1933 (constituição dos Sindicatos Nacionais)
Tema: Associativismo

— Cumpre destacar que esta medida legislativa provocou o desaparecimento de todas as associações e sindicatos livres e a sua substituição por um sistema de Sindicatos Nacionais controlados corporativamente pelo Estado.
— À luz dos princípios doutrinários inscritos na nova Constituição Política de 1933 do Estado Novo, as estruturas sindicais do salazarismo iriam deter o monopólio legal da representação dos trabalhadores por conta de outrem e profissionais liberais até ao 25 de Abril de 1974 (Barreto, 2000).
— O Governo passou a poder sancionar o nome dos dirigentes sindicais eleitos, o que implicava uma informação da polícia política sobre se os membros dos corpos gerentes mereciam ou não o beneplácito do Governo, isto é, se eram ou não adequados, do ponto de vista político e moral, ao regime de Salazar (Barreto, 2000).
— Os Sindicatos Nacionais deveriam estar organizados por distritos (artigo 3.º do Decreto-Lei n.º 23 050, de 23 de setembro de 1933), repudiar a luta de classes (artigo 15.º do Decreto-Lei n.º 23 050, de 23 de setembro de 1933), abster-se de contribuir para a promoção ou o auxílio de greves ou suspensão de atividades (artigo 20.º do Decreto-Lei n.º 23 050, de 23 de setembro de 1933) e exercer a sua atividade exclusivamente no plano nacional, estando-lhes vedada a filiação em qualquer organismo internacional ou a representação em congressos internacionais, sem a autorização do Governo (artigo 10.º do Decreto-Lei n.º 23 050, de 23 de setembro de 1933). O âmbito simplesmente distrital e não nacional dos sindicatos correspondia a uma estratégia do Estado Novo no sentido de os fragmentar e pulverizar, reduzindo-lhes assim a força reivindicativa.

— Como se observa, o regime do Estado Novo obstaculizou o desenvolvimento da contabilidade por via da criação de um quadro legal desfavorável à congregação livre dos profissionais conducente à institucionalização da profissão de contabilista ou, pelo menos, à luta pela conquista desse direito.

1933
Primeira tentativa de regulamentação profissional da atividade de contabilista (uma iniciativa governamental, no caso)
Tema: Profissão

— O Governo de Salazar constitui uma comissão de seis personalidades oficialmente incumbidas de propor as bases da regulamentação profissional de guarda-livros, de contabilistas e de peritos contabilistas; a comissão foi nomeada, em 1933, por Sebastião Garcia Ramires, ministro do Comércio, Indústria e Agricultura de Salazar, este último Presidente do Conselho de Ministros (Guimarães, 2009; Gonçalves, 2020).
— Em dezembro de 1934, a comissão deu a conhecer o Regulamento de Técnicos de Contabilidade (condições de acesso às profissões de guarda-livros, de contabilista e de peritos contabilistas), mas o projeto não vingou, porque o Governo deliberou não avançar para esta tripla regulamentação profissional.
— No plano da sociedade civil, houve, entre 1934 e 1946, diversas «interpelações [oficiais] ao poder político no sentido de se regulamentarem os técnicos de contas» (Coelho, 2016, p. 283), designadamente, por parte da Associação Académica do Instituto Comercial do Porto, dos diplomados do Instituto Comercial de Lisboa e do Sindicato Nacional dos Contabilistas e Guarda-Livros do Distrito do Porto, entre outras entidades institucionais (Coelho, 2016). Nenhum destes projetos de regulamentação foi bem-sucedido do ponto de vista da aceitação governamental a esses pedidos.

1934
Livros *Compêndio de Contabilidade* e *Elementos de Contabilidade e Escrituração Comercial*
Tema: Ensino

— Publicação de dois importantes livros para uso dos alunos das escolas comerciais: *Compêndio de Contabilidade* (de Gonçalves da Silva) e *Elementos de Contabilidade e Escrituração Comercial* (de Lopes Amorim).
— Estes manuais registaram sucessivas edições por mais de 20 anos. Os livros do professor Gonçalves da Silva, em particular, serviram de base às disciplinas de Contabilidade Geral dos antigos cursos gerais de comércio ministrados nas escolas técnicas comerciais (ensino secundário) e nas escolas técnicas industriais e comerciais (ensino secundário, também).

1935
Instalação, em Portugal, da primeira firma internacional de auditoria
Tema: Profissão

— A firma inglesa de auditoria *Barton, Mayhew & Company* (que havia sido fundada, em 1907, como *Barton & Mayhew*) instala-se em Portugal, sendo a primeira das firmas internacionais de auditoria a fazê-lo. A propósito, vem ao caso referir que António Pedro Castel-Branco (1912–1995), um contabilista pertencente à Sociedade Portuguesa de Contabilidade e que nessa qualidade representou o país em diversos congressos internacionais de contabilidade, fez a sua carreira de auditor nesta sociedade.
— Nesta senda, em 1948, a firma de auditoria *Price Waterhouse* estabelece um representante em Lisboa, fixando-se nesta cidade de forma permanente em 1956; reportava ao escritório de Paris e, em 1961, empregava 16 pessoas (Jones, 1995). Costa (2017) informa que em 1972 tinham escritórios em Portugal nove firmas internacionais de auditoria, a saber: *Arthur Andersen & Co.; Arthur Young & Co.; Barton, Mayhew & Co.; Coopers & Lybrand; Deloitte, Haskings & Sells; Peat, Marwick, Mitchell & Co.; Price Waterhouse & Co.; Thomson McLintock & Co.; e Whinney Murray, Ernst & Ernst.*

1938
Primeira tese de doutoramento em Contabilidade
Tema: Ensino

— Fernando Vieira Gonçalves da Silva defende a sua tese de doutoramento em Ciências Económicas e Financeiras na Universidade Técnica de Lisboa, sob o título *A Regulamentação Legal da Escrituração Mercantil*, publicada em livro no mesmo ano (*cf.* Silva, 1938). O conteúdo da sua tese versou sobre contabilidade, conquanto o doutoramento, como se disse, tenha sido em Ciências Económicas e Financeiras.

— Efetivamente, a primeira tese de doutoramento em contabilidade deu-no-la o professor Gonçalves da Silva, ao contrário do divulgado pela literatura [veja-se, por exemplo, Guimarães (2009, 2011), designadamente, porque este último autor alude a um trabalho de 1932 de Polybio dos Santos Garcia — *A Unificação dos Balanços* — como sendo a primeira tese de doutoramento em contabilidade em Portugal]. Com efeito, Polybio dos Santos Garcia doutorou-se em 1932 no ISCEF em Ciências Económicas e Financeiras, mas com uma tese não relacionada com a contabilidade; o seu título foi *O Domínio Cambial Português de 1924*. O seu estudo *A Unificação dos Balanços* correspondeu às suas provas públicas para o concurso de professor auxiliar no ISCEF, em 1932 (e não a uma tese para o doutoramento na área da contabilidade), publicadas num livro dado à estampa em 1935.

1940
Revista de Contabilidade Pública
Tema: Literatura

— O principal dinamizador da *Revista de Contabilidade Pública* foi Aureliano Felismino (1908–1982), diretor-geral da Contabilidade Pública entre 1947 e 1974 (Gonçalves, 2022); no entanto, a revista, impulsionada também por um conjunto de quadros da Direção-Geral da Contabilidade Pública, deixou de ser publicada em 1945 (Gonçalves, 2020). A Direção-Geral da Contabilidade Pública foi extinta em 1996, sendo substituída pela atual Direção-Geral do Orçamento.

1943
Publicação, em Portugal, da tradução do livro francês *Théorie Positive de la Comptabilité*, de Jean Dumarchey, de 1914
Tema: Literatura

— A *Revista de Contabilidade e Comércio* edita e publica, em 1943, o *Théorie Positive de la Comptabilité*, de Jean Dumarchey (*cf.* Dumarchey, 1943). O tradutor foi Guilherme Rosa e o livro saiu à estampa com o nome de *Teoria Positiva da Contabilidade.*
— Silva (1984) dá conhecimento de que se registou em Portugal, por parte do público, uma significativa adesão às ideias de Dumarchey. Com efeito, esta obra de 1943 entusiasmou os contabilistas portugueses e muito contribuiu para a modernização do ensino da disciplina de contabilidade em termos pedagógicos e científicos (Silva, 1984; Almeida e Marques, 2001).
— Dumarchey foi o «primeiro tratadista francês a fazer a destrinça entre o passivo e a situação líquida, visto que a segunda massa patrimonial era indevidamente geralmente incluída no passivo» (Dória e Dória, 1975, p. 312). Com isto, veio o balanço tripartido (Ativo = Situação Líquida + Passivo). Esta estruturação do balanço em três séries de contas exerceu grande influência em Portugal (Almeida e Marques, 2001).
— A seriação proposta por Dumarchey para cada classe foi usada em Portugal até meados da década de 70; de facto, as contas do ativo foram seriadas segundo o ponto de vista da sua conversão em dinheiro, as do passivo segundo o da ordem da sua exigibilidade e as da situação líquida segundo o ponto de vista da ordem cronológica da sua formação (Almeida e Marques, 2001).
— Para Dumarchey, o valor é a pedra angular da contabilidade.

1945
Constituição da Sociedade Portuguesa de Contabilidade (SPC)
Tema: Associativismo

— Inspirada na sua congénere francesa, a *Société de Comptabilité de France*[5] (Sociedade de Contabilidade de França), a SPC foi criada em 1945, em Lisboa, por ex-alunos e professores do Instituto Comercial de Lisboa, tendo visto os seus estatutos aprovados em 1946 (Lopes, 1984; Guimarães, 2004, 2005). Como, a partir de 1933, o regime político ditatorial vigente proibiu a existência de associações profissionais fora do âmbito dos então denominados sindicatos nacionais corporativos, esta organização teve de adotar a designação de sociedade (associação cultural, para o efeito). O primeiro presidente da Direção foi António Tomé de Brito e o sócio n.º 1 foi António Pedroso Pimenta (Guimarães, 2005).

— A SPC correspondeu a uma agremiação cultural formada por um grupo de profissionais organizados sob princípios de desenvolvimento científico da contabilidade. Representou Portugal nos congressos internacionais da especialidade, exercendo também uma legítima pressão para a regulamentação da profissão de contabilista em Portugal.

— Os objetivos estatutários perseguidos pela SPC resumem-se nos seguintes: a realização de sessões técnicas e de visitas de estudo; a promoção de congressos e exposições; a organização e funcionamento de uma biblioteca da especialidade para consulta e estudo dos seus membros; a cooperação, sobre assuntos de ordem técnica, com o Governo e quaisquer entidades nacionais e estrangeiras; e o intercâmbio cultural entre contabilistas nacionais e estrangeiros (Lopes, 1984).

— «O debate sobre a necessidade e importância da normalização contabilística em Portugal foi iniciado na SPC nos finais da década de 40 do século XX, sendo discutido em grupos restritos até à década de 60; apesar de não haver unanimidade em relação ao conteúdo, nessa altura havia consenso

[5] A denominação *Société de Comptabilité de France* data de 1916, tendo resultado da transformação, nesse ano, da *Société Académique de Comptabilité* (Sociedade Académica da Contabilidade) em *Société de Comptabilité de France*. A *Société Académique de Comptabilité* havia sido fundada em Paris, em 1881.

em relação à sua necessidade» (*Associação Portuguesa de Contabilistas*, 2010, p. 21).

— Nesta senda, a SPC organizou, entre 1958 e 1960, várias sessões de estudo, tendo em vista a elaboração de um Plano Contabilístico Português. Nestas sessões, nas quais participaram os associados interessados no tema, foram analisados diversos planos contabilísticos estrangeiros (*e.g.*: o alemão[6], o italiano, o russo, o belga, o inglês — *The Companies Act*, de 1948 —, o plano contabilístico internacional[7] e os modelos de balanço norte-americanos — esquemas recomendados pelo *Federal Reserve Board*), com o objetivo de deles extrair ensinamentos que permitissem delinear um plano português (Caria e Rodrigues, 2014).

— A SPC foi membro fundador em 1951 da *Union Européenne des Experts Comptables, Economiques et Financiers* (UEC), uma associação europeia fundada em Paris por dez associações de dez países europeus e que existiu entre 1951 e 1986. Neste âmbito, à SPC foram atribuídas duas presidências de secção: a Secção de Estudos Teóricos e Históricos da UEC e a Secção de Contabilidade Pública da UEC (aqui, em 1958, o presidente era Aureliano Felismino, diretor-geral da Contabilidade Pública). António Tomé de Brito foi o representante da SPC na assembleia constituinte da UEC (Lopes, 1984).

— A SPC contribuiu para a elaboração do Plano Contabilístico Europeu da UEC (*Sociedade Portuguesa de Contabilidade*, 1974).

— Costa (2020) informa que ficaram célebres as intervenções de José Rita Braz Machado em defesa dos princípios e conceitos contabilísticos anglo-saxónicos nas sessões da SPC dos anos 60/70, numa época em que a generalidade dos autores e académicos portugueses de contabilidade abraçava quase exclusivamente as doutrinas contabilísticas francófonas.

[6] Esta pesquisa não conseguiu identificar se se tratou do estudo do plano contabilístico da República Federal da Alemanha (RFA) ou do estudo do plano contabilístico da República Democrática Alemã (RDA).

[7] O *Plan Comptable International* (Plano Contabilístico Internacional) foi divulgado em 1957 (volume I) e em 1958 (volume II) pelo belga Marcel Mommen; foi o corolário de um trabalho por si liderado no âmbito do *Conseil International des Practiciens du Plan Comptable International* (CIPCI), uma associação de profissionais fundada nos anos 50 e sediada na Bélgica, em Bruxelas.

— No início do ano de 1974, a SPC contava nas suas fileiras com 500 sócios (*Sociedade Portuguesa de Contabilidade*, 1974).
— A SPC esteve presente no congresso fundador (o *XI Congresso Mundial de Contabilistas*) da *International Federation of Accountants* (IFAC), em outubro de 1977, em Munique, na República Federal da Alemanha. A SPC aderiu desde logo à IFAC, representando a SPC o contabilista David Duarte Lopes neste congresso realizado em 1977 (Lopes, 1984).
— Os corpos gerentes da SPC (Mesa da Assembleia Geral, Direção e Conselho Fiscal) eram eleitos para um mandato de dois anos.
— O seu órgão representativo foi o periódico trimestral *Boletim da Sociedade Portuguesa de Contabilidade* (a sua homóloga francesa também dispunha de um boletim trimestral, desde 1884), fundado em 1954 e com atividade até 1984 (esteve inativo no biénio 1963–1964 e entre 1966 e 1972). Este boletim (tal como todos os boletins em Portugal, por serem órgãos de associações culturais e científicas) estava dispensado de censura prévia e de quaisquer outras formalidades, devendo, no entanto, a SPC proceder ao envio de um exemplar à Direção dos Serviços de Censura do Estado Novo.
— Os últimos órgãos sociais da SPC são de 1983 (Guimarães, 2005); a SPC está inativa desde 1988, mas, até 1997, pelo menos, foi possível aos sócios procederem ao pagamento de quotas. Curiosamente, também a *Société de Comptabilité de France* está inativa desde o final da década de 80 do passado século.
— António Alves da Silva (1931–2020), um contabilista muito conhecido em termos nacionais e recentemente falecido, foi presidente da SPC no início dos anos 80.

1948
Criação do curso geral de Comércio (ensino técnico secundário)
Tema: Ensino

— O Decreto n.º 37 029, de 25 de agosto de 1948, criou, ao nível do ensino secundário, o curso geral de Comércio, com a duração de três anos, ao qual tinham acesso os estudantes que tivessem seis anos de escolaridade: quatro anos de ensino primário e mais dois anos de um ciclo preparatório elementar de educação e de pré-aprendizagem geral (para alunos que tivessem terminado a instrução primária). Os cinco anos do curso geral do Comércio (três mais dois do curso preparatório) eram ministrados ou em Escolas Industriais e Comerciais, ou em Escolas Comerciais. Era nestas escolas que os alunos aprendiam contabilidade. Com cerca de 14 ou 15 anos de idade, o estudante concluía assim o seu curso comercial (Costa, 2005). O ministro da Educação Nacional responsável por esta reforma do ensino técnico profissional, extensível, com este diploma de 1948, também ao ensino industrial, foi Pires de Lima. É sabido que, no período pós-Revolução dos Cravos, o ensino técnico profissional foi praticamente extinto, introduzindo-se assim uma grave lacuna no sistema de formação secundária em Portugal que apenas veio a ser significativamente colmatada no final dos anos 80 com o lançamento de uma rede de cursos e de escolas de formação profissional financiada por fundos europeus (Grilo, 2022).

1949
Cadeira de Teoria da Contabilidade no ISCEF
Tema: Ensino

— Em 1949, dá-se uma reforma curricular no ISCEF, passando a haver dois cursos superiores. O novo plano curricular criou a cadeira anual de Teoria da Contabilidade (era a 22.ª cadeira). Até 1967, esta disciplina é ministrada no ISCEF na licenciatura em Finanças e na licenciatura em Economia (Carqueja, 2007). Tratava-se de uma cadeira do 3.º ano comum a estes dois cursos e, em 1949, o regente era Gonçalves da Silva. A 20.ª cadeira era Finanças II (Contabilidade Pública), e a 23.ª, Contabilidade Aplicada.
— Neste capítulo da criação de disciplinas importantes para a contabilidade no ensino superior, importa também assinalar que, no ano letivo 1953/1954, começou a funcionar no ISCEF, e pela primeira vez em Portugal, a cadeira de Balanços e Verificação de Contas (24.ª cadeira) (Ferreira, 1976); o estudo no ensino superior da disciplina de Auditoria registou o seu início, assim, na década de 50 do século passado. O encarregado da regência da disciplina em 1959/1960 no ISCEF era Rogério Fernandes Ferreira (*cf.* Ferreira, 1976).

1950
Redução da duração do curso de contabilista dos Institutos Comerciais (Lisboa e Porto)
Tema: Ensino

— Ao abrigo do Decreto n.º 38 031, de 4 de novembro de 1950, o Curso de Contabilista dos institutos médios técnicos (Instituto Comercial de Lisboa e Instituto Comercial do Porto) passa a ter a duração de três anos (não seria equiparado a bacharelato, como se referiu já neste texto) (Costa e Alves, 2021).
— No plano pedagógico e curricular, o programa de estudos dos institutos comerciais de Lisboa e do Porto, com esta reforma, abandonou as cadeiras de formação cultural de âmbito geral e reforçou o carácter prático do ensino da contabilidade em detrimento dos conhecimentos teóricos; assim, o ensino médio comercial passou a ocupar uma posição inferior à que detinha desde 1931, ano da criação do curso de contabilista em Portugal (Gonçalves, 2001).
— Esta medida, a partir de 1950, traduziu-se na perda de influência dos diplomados dos institutos comerciais, ao invés dos licenciados pelo ISCEF, que viam assim fortalecidos os seus interesses em termos do mercado de trabalho no que diz respeito à ocupação dos lugares dos contabilistas (Gonçalves, 2001).

1953
Publicação do livro *Vantagens para a Contabilidade da Regulamentação Profissional dos Técnicos de Contas* (veja-se, nas referências finais do livro, *Sociedade Portuguesa de Contabilidade*, 1953)
Tema: Profissão

— A SPC publica este livro como resultado das sessões com o mesmo nome por si promovidas em 1949 (Rodrigues e Gomes, 2002; Guimarães, 2009). No total, foram 16 palestras proferidas por outras tantas individualidades nessas sessões de 1949, sinalizando, assim, o interesse da SPC na regulamentação da profissão de contabilista e a pressão legítima feita por esta associação para que o Governo da ditadura a tal acedesse, o que se sabe não ter acontecido.

— As palestras foram dadas por professores dos três graus de ensino comercial e contabilístico (elementar, médio e superior), por juristas, por comerciantes, por industriais e por técnicos de contabilidade (Sousa, Rodrigues e Amorim, 2018). Um dos palestrantes foi Martim Noel Monteiro.

1953
Criação da Faculdade de Economia da Universidade do Porto (FEP)
Tema: Ensino

— Na altura, foi criado apenas um curso na FEP, a licenciatura em Economia, com cinco anos de duração. A FEP passou, desde então, a integrar a Universidade do Porto. Uma das disciplinas anuais na FEP era Teoria da Contabilidade (Portela, 1968), disciplina que ainda existia em 1968 e que começou a ser lecionada em 1955/1956 sob o magistério de José António Sarmento.
— Interessantemente, já em 1911, a Primeira República havia colocado em letra de lei que a Universidade do Porto, criada nesse ano, haveria de integrar uma Faculdade de Comércio, que teria por missão ministrar habilitações para a direção dos estabelecimentos de crédito, bancos, seguros e empresas industriais e financeiras (Gomes, 1990). A Faculdade de Comércio acabaria por não avançar, sendo necessário esperar até 1953 para que aquela ambição se realizasse com a criação, como visto, da FEP.

1963
Código da Contribuição Industrial (CCI)
Temas: Profissão e normalização contabilística

— Em 1 de Julho de 1963, através do Decreto-Lei n.º 45 103, é publicado o CCI (Guimarães, 2009, 2011), estabelecendo que a tributação dos lucros das grandes empresas deveria ser calculada com base no lucro contabilístico (Ferreira e Regojo, 1996). O CCI esteve em vigor de 1 de agosto de 1963 a 31 de dezembro de 1988.
— O CCI estipulava o seguinte: «Na contribuição industrial haverá três grupos: o grupo A, com tributação incidente nos lucros efetivamente obtidos pelos contribuintes, e determinados através da sua contabilidade; o grupo B, com tributação sobre os lucros que presumivelmente os contribuintes

obtiveram; e o grupo C, com tributação baseada nos lucros que os contribuintes normalmente podiam ter obtido» (*cf.* artigo 6.º do Código da Contribuição Industrial). Ao grupo A pertenciam, entre outras, as sociedades anónimas, as sociedades em comandita por ações, as cooperativas, as instituições de crédito, as casas de câmbio, as empresas de seguros, e as demais sociedades comerciais ou civis sob a forma comercial, com capital social superior a 3000 contos (*cf.* artigo 7.º do Código da Contribuição Industrial).

— De 1929 a 1963, ano da institucionalização do CCI, a tributação das empresas era realizada sobre os lucros presumidos das empresas (Saraiva, Alves e Gabriel, 2015).

— O CCI criou a figura jurídica do Técnico de Contas para as empresas do grupo A, os quais, para tal, deveriam estar inscritos na Direção-Geral das Contribuições e Impostos (DGCI) (*cf.* artigo 52.º do Código da Contribuição Industrial). De facto, a partir de 1963 passou a haver um registo público (na DGCI) obrigatório para os técnicos de contas responsáveis pelas contabilidades das empresas do grupo A do CCI. «Recorde-se que em sede de escrituração mercantil permaneciam em vigor as prescrições do Código Comercial de 1888, [as quais conferiam] total liberdade quanto às características daqueles a quem era confiada a contabilidade das empresas» (Coelho, 2016, p. 284). Esta circunstância, ocorrida em 1963, veio modificar ligeiramente a situação de total desregulamentação profissional do pessoal ligado à contabilidade, cuja génese remonta ao tempo do Liberalismo e da Monarquia Constitucional.

— Voltando ao CCI, os contribuintes do grupo B com contabilidade organizada podiam optar pela tributação pelo lucro real, ou seja, podiam optar pela sua inclusão no grupo A da contribuição industrial (*cf.* artigo 9.º do Código da Contribuição Industrial); como tal, teriam também essas empresas de ter um técnico de contas.

— Esta designação (Técnico de Contas) foi na verdade consolidada juridicamente em Portugal depois de 1963, mas já existia de um ponto de vista do exercício profissional prático pelo menos desde o início da década de 30. Numa palavra: a denominação Técnico de Contas passou a existir *de jure* em 1963, mas existia já *de facto* em Portugal pelo menos desde o início dos anos 30.

- O CCI previa a regulamentação legal futura do exercício da profissão de Técnico de Contas (*cf.* artigo 52.º do Código da Contribuição Industrial; Portugal, 2011), o que apenas aconteceu em 1995.
- O CCI é a primeira norma legal a incluir referências expressas à normalização contabilística empresarial portuguesa. Com efeito, o artigo 22.º do CCI continha uma expressão que logrou alcançar algum sucesso em Portugal: *sãos princípios de contabilidade.* Nos termos desse articulado legal, «o lucro tributável [das empresas pertencentes ao grupo A] reportar-se-á ao saldo revelado pela conta de resultados do exercício ou de ganhos e perdas, elaborada em obediência a *sãos princípios de contabilidade*, e consistirá na diferença entre todos os proveitos ou ganhos realizados no exercício anterior àquele a que o ano fiscal respeitar e os custos ou perdas imputáveis ao mesmo exercício, uns e outros eventualmente corrigidos nos termos deste código» (*cf.* artigo 22.º do Código da Contribuição Industrial; itálicos acrescentados). O CCI não especificou o sentido preciso da expressão *sãos princípios de contabilidade* (Ferreira e Regojo, 1999).
- Pelo CCI de 1963, as empresas ditas do grupo A (as de maior dimensão, por via de regra) ficaram obrigadas a possuir contabilidade organizada e a seguir regras de imputação de custos e de proveitos para a determinação do lucro tributável (Ferreira, 1992). Todas as declarações anuais a apresentar pelos contribuintes do grupo A deveriam ser assinadas pelos contribuintes ou seus representantes e pelo respetivo técnico de contas responsável (Franco, 2022).
- Para a apresentação do balanço das empresas contribuintes do grupo A, o código, para efeitos fiscais, não veio estabelecer, explícita ou implicitamente quaisquer regras; a forma era, por isso, livre, tal como o era de acordo com a legislação comercial (Monteiro, 1964). Quanto à conta de resultados, o CCI também não estabeleceu expressamente a respetiva forma (Monteiro, 1964).
- Portugal (2011, 2013, 2017) regista que, em janeiro de 1964, a Portaria n.º 20 317, de 14 de janeiro, veio aprovar as condições de inscrição dos técnicos de contas na DGCI. Nos termos desta legislação, era condição de inscrição na DGCI a habilitação dos candidatos com curso médio ou superior ou, caso não possuíssem tais habilitações, a aprovação em exame de contabilidade, direito comercial e direito fiscal (Franco, 2022). No final

de 1964, foi publicada a primeira lista oficial de técnicos de contas inscritos na DGCI, a qual continha 5503 nomes (Portugal, 2013, 2017). Mais duas portarias, a n.º 21 247, de 27 de abril de 1965, e a n.º 221, de 2 de abril de 1975, vieram regulamentar as condições de inscrição dos técnicos de contas a aplicar até se proceder à regulamentação legal do exercício da respetiva profissão (Ferreira, 1997), a qual ficou por fazer. Em concreto, a Portaria n.º 21 247, de 27 de abril de 1965, veio dispensar da realização de exame os candidatos que prestassem serviço de contabilista naquela data há, pelo menos, cinco anos (Franco, 2022). Estes profissionais eram conhecidos à época pela designação de *práticos*. Estas três portarias (as de 1964, 1965 e 1975) foram revogadas pela Portaria n.º 420, de 14 de julho de 1976, a qual registou uma vida longa, até 1995. Estabeleceu-se, aqui, em 1976, como requisito para a inscrição na DGCI a detenção de licenciatura ou bacharelato nos cursos nela referenciados ou a detenção do curso de Contabilidade e Administração das escolas de ensino secundário técnico, desde que, nesta última situação, o candidato demonstrasse possuir prática efetiva de serviços de contabilidade. O diploma também permitiu a inscrição de todas as pessoas que, tendo como habilitação o 9.º ano de escolaridade, fizessem prova de terem sido responsáveis por contabilidades de contribuintes tributados pelo grupo B do CCI (Franco, 2022). Esta portaria de 1976 estabeleceu que se mantinham inscritos todos os técnicos de contas anteriormente registados como tal na DGCI.

— Em suma, a publicação do CCI veio dar um grande contributo para a evolução da profissão em Portugal (Saraiva e Gabriel, 2019), pois em abril de 1975 eram cerca de 13 000 os técnicos de contas inscritos na DGCI (Portugal, 2013).

— O Ministério das Finanças publicou em 7 de março de 1964 uma nota na imprensa diária dando conta, entre outros assuntos, que o número de empresas tributadas em contribuição industrial — as do grupo A — seria de pouco mais de 0,5% do total do tecido económico nacional.

1964
Nomeação de uma comissão incumbida do estudo do exercício da profissão de técnico de contas
Tema: Profissão

— A Portaria n.º 20 691, de 18 de julho de 1964, nomeia esta comissão, a qual, presidida por Fernando Cid Proença, era constituída por dez elementos, incluindo Rogério Fernandes Ferreira e António Pedro Castel-Branco, por exemplo (Ferreira, 1997). Rogério Fernandes Ferreira representava nesta comissão os interesses da DGCI.
— Seis anos depois, o grupo de trabalho constituído em 1964 apresentou, em 1970, um relatório da comissão de estudo criada para o efeito, mas as suas conclusões não foram aproveitadas pelo Governo de Marcelo Caetano. As suas conclusões principais foram essencialmente estas: (1) a designação genérica dos profissionais deve ser a de técnico de contabilidade; e (2) os técnicos de contabilidade devem ser corporativamente enquadrados num sindicato próprio e único, denominado Sindicato Nacional dos Técnicos de Contabilidade (Portugal, 2011).

1964
1.º Plano de Contabilidade para as empresas proposto em Portugal
Tema: Normalização contabilística

— Tratou-se de uma proposta efetuada pelo Sindicato Nacional dos Empregados de Escritório do Distrito de Lisboa, sob o título *Plano Geral de Contabilidade – Projeto. Contribuição para o Plano Contabilístico Português* (Guimarães, 2009, 2011). Foram autores desta contribuição Joaquim Santos, Alexandre Cardoso e José Paiva.
— Apresentado em 1964, este estudo foi, depois, publicado em livro no ano de 1965, tendo esgotado rapidamente no mercado (Carqueja, 1997). Apresentava como fontes das soluções contabilísticas adotadas os planos de contabilidade da Alemanha, Bélgica, Suíça e França, especialmente o plano contabilístico deste último país (Carqueja, 1997).
— A proposta não foi aceite pelo Governo de Salazar.

1965
Plano de Contabilidade das Cooperativas Agrícolas
Tema: Normalização contabilística

— Tratou-se de um plano obrigatório para todas as cooperativas agrícolas, tendo sido aprovado pelo Despacho Ministerial de 31 de dezembro de 1965 no âmbito da Secretaria de Estado da Agricultura do Ministério da Economia (Silva, 1977; Monteiro, 1978).

1966
Taxas anuais de reintegrações e amortizações para as empresas do grupo A do CCI
Tema: Normalização contabilística

— Em cumprimento do artigo 30.º do CCI, a Portaria n.º 21 867, de 12 de fevereiro de 1966, do Ministério das Finanças (DGCI), fixou taxas anuais de reintegrações e amortizações para as empresas do grupo A. Deixou de ser possível, pelo menos fiscalmente, proceder às reintegrações dos imobilizados corpóreos (hoje, ativos fixos tangíveis) e às amortizações dos imobilizados incorpóreos (hoje, ativos intangíveis) arbitrariamente, como tantas vezes se fazia no passado (Dória e Dória, 1975, p. 66). A portaria vigorou até agosto de 1981, tendo sido substituída nessa altura por uma outra que reviu a regulamentação fiscal das reintegrações e amortizações.
— Antes de 1966, ou seja, antes da Portaria n.º 21 867, o habitual era contabilizar as reintegrações (atualmente, depreciações) e as amortizações como uma aplicação de resultados, isto é, inexistia o conceito de gastos de depreciações e de amortizações, porque o ativo era corrigido tendo como contrapartida uma diminuição direta do resultado, como se se tratasse de uma aplicação do resultado, como se disse. O corolário deste procedimento contabilístico era o de que o valor dos ativos fixos tangíveis (conceito atual, note-se) dependia dos resultados contabilísticos obtidos (Silva, 2013), uma situação que o CCI (Decreto-Lei n.º 45 103, de 1 de julho de 1963) e a Portaria n.º 21 867, de 12 de fevereiro de 1966, vieram modificar, designadamente o último ato legislativo, ao fixar taxas anuais de reintegração e amortização para os ativos fixos corpóreos e incorpóreos.

1968
Fundação do *Jornal do Técnico de Contas e da Empresa* (JTCE)
Tema: Literatura

— O JTCE foi publicado até dezembro de 2003 (Guimarães, 2009). Um dos fundadores foi Martim Noel Monteiro e o diretor desta revista de contabilidade foi sempre a mesma individualidade durante os 36 anos de atividade do periódico (1968–2003): José Luís Lopes Marques.
— O JTCE era uma publicação mensal.

1969
Decreto-Lei n.º 49 381, de 15 de novembro (Regime Jurídico de Fiscalização das Sociedades Anónimas)
Tema: Normalização contabilística

— Esta legislação, inspirada no paradigma francês, reforça a fiscalização das contas das sociedades anónimas, mas agora por Revisores Oficiais de Contas (ROC), e fixa algumas regras para o conteúdo do balanço das sociedades anónimas (este deveria indicar expressamente o valor do ativo e do passivo, com contas separadas das que correspondem à situação líquida ou capital próprio) e principalmente da sua conta de resultados (ou de ganhos e perdas), indicando-se aqui o título dos custos (ou perdas) e dos proveitos (ou ganhos) por naturezas que deveriam vir especificados na Conta de Resultados (artigo 32.º) (Monteiro, 1969). Esta legislação especificou o reconhecimento/relato obrigatório de alguns tipos de custos ou perdas (por exemplo, amortizações, provisões, remunerações e encargos com os órgãos sociais, encargos com a publicidade) e de proveitos ou ganhos (por exemplo, rendimentos financeiros, benefícios fiscais) e, como se escreveu, o balanço devia indicar expressamente o valor do ativo e do passivo, apresentando as respetivas contas com clareza e separadas das que correspondem à situação líquida (ou capital próprio).
— Este diploma tem uma particularidade muito especial, pois foi a primeira vez que surgiu em Portugal a denominação *revisor oficial de contas* (Costa, 2019, 2022), profissão que, reconhecia o texto, deveria ser regulada por

futura legislação.[8] O primeiro estatuto dos ROC foi publicado em janeiro de 1972 e a Câmara dos Revisores Oficiais de Contas (CROC) teve existência legal em fevereiro de 1974. Neste assunto, é interessante registar a opinião de José Rita Braz Machado, uma importante personalidade do universo da auditoria e da contabilidade em Portugal: «Foi extremamente infeliz a denominação de *Revisor Oficial de Contas* [em 1969]. Teria sido muito mais preferível a de *Perito Contabilista Independente* ou *Perito Contabilista Revisor*, tal como nos países com mais tradições neste campo e que vão na sua liderança; mas, mais uma vez, o preconceito universitário perante a adoção da palavra *contabilista* venceu» (Machado, 2000, p. 1402, itálicos acrescentados).

— No que se filia com auditoria, o novo regime jurídico de fiscalização das sociedades anónimas, a legislação de 1969 aqui em apreço, determinava que os membros do conselho fiscal de tais sociedades podiam ser ou não sócios das mesmas, mas um deles e um suplente tinham de ser designados de entre os inscritos na lista de ROC, a criar no futuro (o mesmo acontecia se as sociedades anónimas optassem pelo regime de fiscal único) (Costa, 2022).

— Outra particularidade relevante desta legislação de 1969: pela primeira vez é referido o conteúdo mínimo do *Relatório de Gestão* das Sociedades Anónimas (artigo 33.º, n.os 1 e 2) (neste Decreto-Lei a denominação original era *Relatório da Administração*) (Gonçalves, 2020). A Carta de Lei de 22 de junho de 1867[9], que criou em Portugal as Sociedades Anónimas, como atrás se escreveu, introduziu a questão da apresentação do Relatório de Gestão para efeitos de prestação de contas, embora com outra fraseologia, como segue: no fim de cada ano, as sociedades anónimas devem apresentar o *relatório da situação comercial, financeira e económica*, o balanço [ativo e passivo] e a conta de ganhos e perdas (Costa, 2017, itálico acrescentado). Após 1867, depois de discutidos e aprovados em assembleia geral, os documentos seriam publicados no Diário Oficial do Governo.

[8] A respeito de como a profissão de ROC foi evoluindo ao longo do seu primeiro meio século de existência (1972–2022), veja-se, com assinalável tempestividade, o estudo de Costa (2022).

[9] Este diploma de 1867 alterou a terminologia, deixando de se usar o termo *companhia de comércio*, que foi substituído pela expressão *sociedade anónima*. Foi, assim, alterada a nomenclatura legal, adotando-se, como no código comercial de Napoleão de 1807, a expressão *sociedade anónima*.

— Em 1969, portanto, o legislador definiu, pela primeira vez, o *conteúdo mínimo* deste documento de prestação de contas, o Relatório de Gestão.
— O Decreto-Lei n.º 49 381, de 15 de novembro de 1969, foi revogado em 1986, com a entrada em vigor, em 1 de novembro desse ano, do Código das Sociedades Comerciais (Decreto-Lei n.º 262/86, de 2 de setembro).

1970
2.º Plano de Contabilidade para as empresas proposto em Portugal
Tema: Normalização contabilística

— Tratou-se de uma proposta efetuada sob a égide do Sindicato Nacional dos Profissionais de Escritório do Distrito de Lisboa, com o título de *Plano de Contabilidade Nacional para a Empresa* (Guimarães, 2009, 2011).
— Depois de apresentado em 1970, este estudo foi publicado em livro no mesmo ano. Foram autores do projeto os técnicos de contas Jorge Pinto, Humberto Sousa e Columbano Victorino (Monteiro, 1970).
— A proposta não foi aceite pelo Governo de Marcelo Caetano.

1971
Publicação do estudo *Subsídio para a Reforma do Ensino da Contabilidade – Bacharelato e Licenciatura* (*cf.*, nas referências finais deste livro, *Comissão Organizadora do Sindicato Nacional dos Contabilistas*, 1971)
Tema: Ensino

— Numa altura em que não havia em Portugal cursos de Contabilidade que conferissem o grau de bacharel nem de licenciado, em 1971, a Comissão Organizadora do Sindicato Nacional dos Contabilistas elaborou e apresentou este estudo no contexto da reforma do ensino superior posta à apreciação do país pelo Governo de Marcelo Caetano. Como tal, o estudo em apreço foi solicitado pelo ministro da Educação Nacional, José Veiga Simão.
— Tratou-se de um contributo detalhadíssimo (com mais de 60 páginas) para a criação de um bacharelato em Contabilidade (curso de três anos) e de uma licenciatura em Contabilidade (pelo menos mais dois anos). Fazia alusão a programas das cadeiras, a processos de ensino, a estágios,

etc., estando tudo muito bem fundamentado e explicado. Um apontamento relevantíssimo a reter é o de, neste estudo, estar contemplada, como cadeira de opção do 1.º ano, a disciplina de História da Contabilidade e das Doutrinas Contabilísticas.

— Os subscritores/autores desta proposta, mais tarde aproveitada parcialmente em 1977, aquando da lecionação do bacharelato em Contabilidade do Instituto Superior de Contabilidade e Administração de Lisboa (ISCAL), foram as seguintes individualidades: Albino Pires, António Monteiro da Cruz, Carlos Pires da Silva, Carlos Ferreira Vidal, Donato Lourenço Viçoso, Eleutério Álvaro, Ernesto Dias, Gualter Godinho, João Maia e Silva, José Segurado, José Braz Machado, Júlio Ferreira e Maria de Lurdes Godinho.

— Este estudo apelou à necessidade de haver em Portugal um plano curricular alinhado com os existentes à escala internacional, nomeadamente, com o existente nos Estados Unidos da América (na elaboração do trabalho tiveram-se presentes os mais recentes relatórios da *American Accounting Association,* Associação Americana de Contabilidade).

1972 e 1973
O curso de contabilista passa a ser ministrado em Coimbra, em 1972, e, em 1973, em Aveiro
Tema: Ensino

— Portugal tem, em 1973, quatro institutos comerciais (ensino médio) em outras tantas cidades: Lisboa, Porto, Coimbra e Aveiro. Em Coimbra, o Instituto Industrial de Coimbra foi convertido, no final de 1971, em Instituto Industrial e Comercial de Coimbra (designação igual à do período 1921–1926), estabelecimento de ensino que, a partir do ano de 1972, passa a ministrar o curso de contabilista. Em Aveiro, em 1973, nasce o Instituto Comercial de Aveiro, com a autonomização da secção de Aveiro face ao Instituto Comercial do Porto, de que fez parte em 1971 e 1972.

1973

3.º Plano de Contabilidade para as empresas proposto em Portugal

Tema: Normalização contabilística

— Esta contribuição intitulou-se *Anteprojeto do Plano Geral de Contabilidade* (APGC), comummente conhecido apenas por *Anteprojeto*. Foi o resultado de uma comissão composta por três técnicos da DGCI e nomeada no início de 1970: Rogério Fernandes Ferreira, Henrique Quintino Ferreira e Mário Martinho Pereira. Ainda em 1970 foi dado conhecimento público dos documentos relativos à primeira fase do *Anteprojeto* (Ferreira, 1970).

— Este estudo elaborado pelo Ministério das Finanças, através dos três elementos da DGCI referidos, foi publicado em livro editado no ano de 1973, depois de ter sido apresentada a sua última versão em 1 de junho de 1973 por Vítor Duarte Faveiro (Carqueja, 1997), à época diretor-geral das Contribuições e Impostos.

— «O *Anteprojeto* é considerado a primeira iniciativa governamental para a implementação de um plano contabilístico nacional» (Guimarães, 2009, p. 32), pois a DGCI era um departamento dependente do Ministério das Finanças.

— Esta proposta «acabou por não ser implementada, porque, entretanto, ocorreu o 25 de Abril de 1974» (Guerreiro e Rodrigues, 2017, p. 249).

— O texto do *Anteprojeto* foi bastante influenciado pelo Plano Geral de Contabilidade francês, de 1957 (Monteiro, 1970; Jesus, 2018). Antes da existência do primeiro plano oficial de contabilidade nacional (1977), este documento contabilístico francês era usado como instrumento de trabalho por muitos técnicos de contas em Portugal (Pinho, 1971).

— Cabe, ainda, referir que o *Anteprojeto* registou uma aplicação bastante grande, mesmo sem ter sido institucionalizado, por razões que se prendem com a sua grande divulgação, com o facto de ter sido um produto de um organismo governamental e por haver em Portugal uma grande suscetibilidade dos técnicos de contas nacionais a tendências contabilísticas oriundas de França (Cravo, 1981). Evidencia e corrobora esta última ideia, segundo a qual o *Anteprojeto* registou uma aplicação bastante ampla em Portugal até 1977, a circunstância de a Portaria n.º 420/1972, de 1 de agosto, que aprovou o regulamento e o programa do exame de aptidão profissional para a profissão de revisor oficial de contas, o integrar no conjunto de matérias a estudar pelos candidatos a ele admitidos. O exame de aptidão de outubro de 1973 contemplava uma questão sobre o *Anteprojeto* (*cf.* Costa, 1978).

— Tal como o plano francês, o *Anteprojeto* propôs um sistema contabilístico dual, considerando a contabilidade financeira e a de custos (contabilidade industrial) independentes entre si (Caria e Rodrigues, 2014).

1974
4.º Plano de contabilidade para as empresas proposto em Portugal
Tema: Normalização contabilística

— Esta contribuição intitulou-se *Plano Português de Contabilidade.* Tratou-se de uma iniciativa da Sociedade Portuguesa de Contabilidade, divulgada no *Boletim da Sociedade Portuguesa de Contabilidade* poucos meses após a Revolução de 25 de Abril de 1974. Refira-se que, já em 1953, «esta entidade tinha nomeado uma comissão para a elaboração de um Plano de Contas nacional» (Costa e Alves, 2021, p. 87).

— Esta iniciativa não foi acolhida pelo Governo Provisório da época.

1974
Nomeação da Comissão para o Estudo da Normalização Contabilística das Empresas
Tema: Normalização contabilística

— O Ministério das Finanças (via Secretaria de Estado de Orçamento) do III Governo Provisório pós-25 de Abril de 1974 nomeia, em novembro de 1974, uma Comissão para o Estudo da Normalização Contabilística das Empresas, a qual apresentou o seu primeiro relatório dos trabalhos em 8 de agosto de 1975 (Guimarães, 2009, 2011). Este foi publicado sob a égide do Ministério das Finanças (Secretaria de Estado do Orçamento) e intitulava-se *Normalização Contabilística — Primeira Fase.* Um dos autores do documento, António Alves da Silva, refere que a publicação, uma pequena brochura, ficou conhecida na época pelos contemporâneos como *O Livrito* (veja-se Silva, 2009). Esta brochura continha os projetos das demonstrações financeiras, a lista de contas e os princípios e regras contabilísticas a adotar, tendo o seu conteúdo, depois, sido melhorado e aumentado, dando origem ao primeiro plano oficial de contabilidade nacional em 1977.

— Como se disse, a comissão foi nomeada em novembro de 1974, havendo começado a trabalhar a partir desta data. Tratou-se de uma requisição governamental dos seus membros (Machado, 1977). Porém, apenas em fevereiro de 1975 veio a ter existência oficial, por despacho do Secretário de Estado do Orçamento deste III Governo Provisório, António Costa Leal, de 27 de fevereiro de 1975 (publicado no *Diário do Governo*, 2.ª série, n.º 65, de 18 de março) (Monteiro, 1978). O Programa de Política Económica e Social do III Governo Provisório já fizera referências específicas, entre o conjunto de medidas a adotar na área da política fiscal, a um mais eficiente combate à evasão fiscal e à adoção de planos de contas normalizados para as empresas (Monteiro, 1978; Guimarães, 2011). António Costa Leal era Secretário de Estado (do Orçamento) do ministro das Finanças José da Silva Lopes, num executivo chefiado por Vasco Gonçalves, primeiro-ministro do III Governo Provisório (início de funções em 30 de setembro de 1974 e termo em 26 de março de 1975).

— A comissão designada por António Costa Leal, composta por 16 individualidades, trabalhou cerca de dois anos, entre o final de 1974 e o final de 1976, no sentido de apresentar ao Governo a sua proposta de um plano de contabilidade para as empresas (Guerreiro e Rodrigues, 2017). Foi esta comissão que, tendo por base *O Livrito*, acima referenciado, elaborou o Plano Oficial de Contabilidade (POC), publicado pelo Decreto-Lei n.º 47/77, de 7 de fevereiro de 1977. Das 16 personalidades, quatro representavam os interesses do Estado, quatro os dos estabelecimentos de ensino, três os dos organismos profissionais, três os das empresas privadas e dois os interesses dos sindicatos (Fernandes, 1997). Nesta comissão, destacaram-se nomes como os de António Alves da Silva (já referido), António Coelho Garcia, Caiano Pereira, David Duarte Lopes, Henrique Quintino Ferreira, José Rita Braz Machado, José Rodrigues de Jesus e Octávio Gastambide Fernandes, entre outras afamadas personalidades da história da normalização contabilística empresarial em Portugal. Foram estes os pais do POC/77.

— Um testemunho pessoal muito informativo e com relevância histórica das experiências vividas na época por um dos 16 elementos desta comissão, o mais novo de todos na altura, José Rodrigues de Jesus, pode ser lido em Jesus (2018). Aproveita-se a oportunidade para extrair dele a seguinte passagem: «Em muitos casos, com 15 ou 16 pessoas na sala, chegou a haver 13 propostas para a resolução de dado tema, tendo de verificar-se sucessivas votações em que em cada uma havia a exclusão da menos votada, num processo de consenso obtido progressivamente e a que todos aderiam» (Jesus, 2018, p. 163). É interessante observar que o POC/77 foi, assim, resultado de processos de iteração e não tanto de procedimentos consensuais.

1975
5.º plano de contabilidade para as empresas proposto em Portugal
Tema: Normalização contabilística

— Este documento intitulou-se *Contribuição para um Plano Nacional de Contabilidade.* Tratou-se de uma iniciativa da responsabilidade do seguinte grupo de personalidades: Henrique Quintino Ferreira, Clímaco Coutinho, Albuquerque Garcia, Carvalho Amaro e Cândido Ribeiro. O primeiro subscreve a proposta na qualidade de economista e os restantes como técnicos de contas. A proposta foi publicada em 1975 e, um ano depois, saiu a segunda edição, revista e atualizada (veja-se, para o efeito, Ferreira *et al.*, 1976).
— Esta iniciativa não foi acolhida pelo Governo Provisório da época.
— Este foi o quinto trabalho coletivo antecessor do POC/77 e o quinto a não ser aproveitado pela tutela, pois todas estas cinco tentativas de normalizar contabilisticamente a generalidade das empresas em Portugal foram votadas ao insucesso.

1975
Constituição da Associação Portuguesa de Contabilistas (APC)
Tema: Associativismo

— Em 3 de março de 1975, foi constituída a Associação Portuguesa de Contabilistas, a primeira associação de profissionais desta área constituída em Portugal no período após a Revolução dos Cravos. A ideia da criação desta associação remonta aos anos 40 do século xx e ganhou um novo fôlego nos finais dos anos 60, quando se tentou criar um Sindicato Nacional de Contabilistas (cuja existência formal e legal não se concretizou) que defendesse os interesses dos contabilistas diplomados pelos institutos comerciais; foi tal grupo de pessoas que contribuiu, mais tarde, para a criação da APC (Costa, 2011).

— A APC, no início, apenas admitia como membros os diplomados com o curso de contabilista dos institutos comerciais e do Instituto dos Pupilos do Exército.

— A APC esteve presente no congresso fundador (o *XI Congresso Mundial de Contabilistas*) da *International Federation of Accountants* (IFAC), em outubro de 1977, na República Federal da Alemanha (Munique) (Estevens, 2001).

— A APC foi durante alguns anos membro da IFAC e do *International Accounting Standards Committee* (IASC), fundado em 1973 em Londres (Costa e Alves, 2021). Aliás, a APC foi o primeiro organismo português a fazer parte do IASC (Costa, 2016) [como é consabido, em 2001, este organismo foi encerrado e, em seu lugar surgiu uma fundação independente, a *International Accounting Standards Committee Foundation* (IASCF), debaixo da qual foi criado o *International Accounting Standards Board* (IASB)].

— Em novembro de 1980, a APC foi a entidade responsável pela publicação das primeiras traduções portuguesas das versões originais, em inglês, das normas internacionais de contabilidade do, na altura, IASC (normas 1 a 8) (Costa, 2016). Neste ano de 1980, a APC estava filiada no IASC e na IFAC (Barata, 1980).

— Apresentou, em 1978, o seu projeto de uma licenciatura em Contabilidade e Finanças (cinco anos).

— Esta associação, de inscrição livre, contribuiu para a elevação das escolas de ensino médio para ensino superior em 1976 (Rodrigues e Gomes, 2002) e, bem assim, desempenhou um papel determinante para que, em outubro de 1977, os Institutos Superiores de Contabilidade e Administração (ISCA) não integrassem o *ensino superior de curta duração* (uma infeliz iniciativa legislativa da autoria de Mário Sottomayor Cardia, ministro da Educação e Investigação Científica do I Governo Constitucional) (Costa, 2016).

1976
Conversão dos quatro institutos comerciais em Institutos Superiores de Contabilidade e Administração (ISCA)
Tema: Ensino

— O Decreto-Lei n.º 327/1976, de 6 de maio, procede à conversão dos quatro institutos comerciais do país (Aveiro, Coimbra, Lisboa e Porto) em Institutos Superiores de Contabilidade e Administração (de Aveiro, Coimbra, Lisboa e Porto, respetivamente), mudando assim o tipo de ensino que neles era ministrado: de ensino médio passou-se a ensino superior (Costa, 2016). Tratou-se de uma iniciativa legislativa levada a cabo pelo VI Governo Provisório. Estas escolas de ensino superior conferiam o grau de bacharel após estudos realizados em três anos, pese embora o Decreto-Lei n.º 327/1976, de 6 de maio, estabelecesse que os ISCA confeririam o grau de bacharelato, mas também os de licenciatura e de doutoramento. Não obstante, durante um período de cerca de dez anos, os ISCA apenas puderam outorgar o diploma de bacharelato, dado que parte da legislação de 1976 foi, como se vê, letra morta.
— Costa (2006) entende que a conversão dos institutos comerciais em institutos superiores de contabilidade e administração, em 6 de maio de 1976, sob a égide do ministro da Educação e Investigação Científica Vítor Alves, um dos Capitães de Abril, correspondeu à mudança mais significativa jamais ocorrida em Portugal no contexto do ensino superior da contabilidade.

1977
Criação da Comissão de Normalização Contabilística (CNC) e promulgação do Plano Oficial de Contabilidade (POC)
Tema: Normalização contabilística

— O I Governo Constitucional de Portugal criou oficialmente a Comissão de Normalização Contabilística (CNC) (*cf.* Decreto-Lei n.º 47/77, de 7 de fevereiro) em 1977. Este mesmo diploma promulgou o primeiro Plano Oficial de Contabilidade (POC) para as empresas a vigorar em Portugal.
— Apesar de a CNC ter sido criada em 1977, apenas em outubro de 1980 foi publicada a primeira portaria definidora das suas atribuições e do

seu sistema de organização e funcionamento (Ferreira, 1984; Fernandes, 1997). Conclui-se, assim, que, de fevereiro de 1977 a setembro de 1980, a CNC esteve inativa ou, por outras palavras, a sua existência foi simplesmente nominal. O primeiro presidente do Conselho Geral da CNC, de 1983 a 1985, foi Rogério Fernandes Ferreira, apesar de ter sido nomeado para o cargo pelo ministro das Finanças e do Plano João Morais Leitão, em março de 1981.

— Os primeiros membros do Conselho Geral da CNC, 35 vogais, no total, viram os seus nomes serem publicados no Diário da República em 31 de março de 1983; desta lista, nomeada pelo Secretário de Estado do Orçamento Alípio Dias, fizeram parte eminentes personalidades da contabilidade em Portugal, como sejam António Campos Pires Caiado, António José Alves da Silva, Carlos Baptista da Costa, Domingos Cravo, Henrique Quintino Ferreira, Hernâni Carqueja e José Rita Braz Machado, entre outros (Diário da República, II série, n.º 75, 31 de março de 1983, pp. 2265–2266).

— Regressando a 1977, o POC era obrigatório para as empresas do grupo A do CCI, para as empresas públicas e para as que tinham maioritariamente capitais públicos. O POC/77 teria de ser aplicado nas empresas públicas, como o foi, porque após a Revolução de 25 de Abril de 1974 o sector público registou um grande aumento em Portugal, visto que foram nacionalizadas 244 empresas (bancos, seguradoras, empresas siderúrgicas, de transporte, energia, cimentos e tabacos, entre outras) após essa data e o Estado desconhecia a situação contabilística dessas entidades (alguns sectores da economia foram reprivatizados nos anos 80 e 90, após uma revisão da Constituição efetuada em 1989, a qual suprimiu a regra constitucional de 1976 da irreversibilidade das nacionalizações efetuadas entre 1974 e 1976). No mais, o Programa de Governo do I Governo Constitucional, debatido, discutido e aprovado, em agosto de 1976, na Assembleia da República, definia como prioridade, a estabelecer no prazo máximo de seis meses, a normalização contabilística das empresas públicas portuguesas e, outrossim, a entrada em vigor, em 1977, de um plano nacional de contabilidade.

— O POC/77 não era aplicável às empresas de menor dimensão, as do grupo C do CCI. Também não o era às instituições de crédito e de seguros.

— Contudo, depois de 1977, levantaram-se dúvidas sobre se o POC/77, aprovado pelo Decreto-Lei n.º 47/77, de 7 de fevereiro, era ou não obrigatório para as empresas do grupo B do CCI, o que um Ofício-Circulado da Direção dos Serviços de Fiscalização Tributária da DGCI, de 1979, veio esclarecer nos seguintes termos: «As empresas do grupo B que se encontrem naquelas condições [com contabilidade organizada] não são obrigadas a adotar o aludido plano [o POC/77], mas apenas a elaborar as peças finais [isto é, o Balanço Sintético e a Demonstração dos Resultados Líquidos] a que se refere a alínea *b*) do artigo 2.º do Decreto-Lei acima mencionado [o Decreto-Lei n.º 47/77, de 7 de fevereiro] (Ofício-Circulado n.º 19 166, de 16 de outubro de 1979, da Direção dos Serviços de Fiscalização Tributária da DGCI) (Barreiros, Teixeira e Ferreira, 1988, pp. 500–501).[10] Como escreveu Cravo (1981), as empresas do grupo B da contribuição industrial puderam aplicar o POC/77 de forma facultativa.

— No entanto, como as empresas do grupo B tinham obrigatoriamente de elaborar duas peças finais (hoje, demonstrações financeiras) que integravam o POC/77, o mesmo era implicitamente aplicável a tais empresas. A não ser assim, estas empresas, depois de terem registado as suas operações segundo um outro qualquer plano, teriam de elaborar tais peças com base em registos extracontabilísticos e, tendo em atenção o capítulo XII do POC/77 — «Valorimetria» (princípios contabilísticos adotados e critérios e métodos específicos) —, com todo o trabalho adicional que tal implicava.[11] Convém, aqui, salientar que o Decreto-Lei n.º 137/78, de 12 de junho, estabeleceu a obrigatoriedade de as sociedades pertencentes ao grupo B possuírem contabilidade devidamente organizada a partir de 1 de janeiro de 1979 (Ferreira, 1983).

— Seja como for, o grupo A foi substancialmente alargado a todas as sociedades comerciais ou civis sob forma comercial pelo Decreto-Lei n.º 474/85,

[10] Regista-se e agradece-se a amável ajuda do senhor Dr. José Martins Lampreia, membro do Centro de Estudos de História da Contabilidade da Associação Portuguesa de Técnicos de Contabilidade (APOTEC), neste ponto onde se procurou saber se o POC/77 era ou não obrigatório para as empresas do grupo B do CCI.

[11] Um agradecimento é endereçado ao senhor professor Doutor Carlos Baptista da Costa, professor coordenador aposentado do Instituto Superior de Contabilidade e Administração de Lisboa (ISCAL), pelo estimável auxílio nesta tentativa de saber se o POC/77 era implicitamente aplicável às empresas do grupo B do CCI.

de 11 de novembro, que alterou o Código da Contribuição Industrial. O POC/89 já foi de aplicação universal à generalidade do tecido económico português, com exceção dos bancos e das seguradoras.

— O plano contabilístico francês de 1957 foi a base do POC/77 (Bento e Machado, 2005; Ferreira, García Lara e Gonçalves, 2007).

— O primeiro POC entrou em vigor, como se viu, sem que existisse em funcionamento a comissão encarregada de resolver as dúvidas que, entretanto, a sua aplicação suscitasse (Fernandes, 1997).

— O POC/77 foi sendo complementado com a publicação de 12 normas interpretativas (datadas de 1987 e 1988) e atualizado com aditamentos contabilísticos (aqui, via a promulgação de seis decretos-leis, de 1980 a 1987) (Costa e Alves, 2021). A contabilidade de gestão não foi considerada no POC/77 (Caria e Rodrigues, 2014), entendendo-se que os correspondentes desenvolvimentos deveriam ser considerados sectorialmente e numa fase posterior, embora com a desejável brevidade (Decreto-Lei n.º 47/77, de 7 de fevereiro), o que, como se sabe, não aconteceu. Talvez este seja um dos motivos pelos quais a contabilidade interna das empresas portuguesas não se tenha convenientemente desenvolvido.

— Alberto Ramalheira, Secretário de Estado do Orçamento do I Governo Constitucional (esta secretaria pertencia ao Ministério das Finanças, liderado por Henrique Medina Carreira), insistiu deveras na máxima divulgação do POC pelos profissionais e pelo país. As associações profissionais contemporâneas aceitaram este repto e procederam em conformidade a essa disseminação por Portugal Continental, Açores e Madeira, organizando equipas de contabilistas para a promoção de seminários de estudo e análise do POC/77.

1977
Criação da Câmara dos Técnicos de Contas (CTC)
Tema: Associativismo

— A CTC foi fundada em 8 de março de 1977 por um grupo de técnicos de contas da Secção Profissional do Sindicato Nacional dos Profissionais de Escritório do Distrito de Lisboa (Costa e Alves, 2021).

— Esta organização associativa de carácter privado, não oficial e de inscrição livre por parte dos técnicos de contas, defendeu sempre que deveria existir um organismo de inscrição obrigatória dos técnicos de contas e que a profissão fosse devidamente regulamentada.

— Segundo Guimarães (2009, p. 289), em «Assembleia-Geral de 5 de junho de 1993, a CTC alterou a sua designação para *Câmara dos Técnicos Oficiais de Contas*». António Domingues de Azevedo, um dos construtores da regulamentação da profissão ocorrida em 1995 (Rodrigues, 2016), foi eleito presidente desta última associação em outubro de 1994; esta individualidade exerceu o cargo de deputado à Assembleia da República entre os anos de 1983 a 1995.

1977
Fundação da Associação Portuguesa de Técnicos de Contas (APOTEC)
Tema: Associativismo

— Foi constituída, em 16 de março de 1977, com o nome original de Associação Portuguesa de Técnicos de Contas (APOTEC). Em 1997, foi rebatizada com o nome pelo qual é atualmente conhecida: Associação Portuguesa de Técnicos de Contabilidade (o acrónimo APOTEC mantém-se em uso). Em 1977, o sócio n.º 1 da APOTEC foi Martim Noel Monteiro, sócio fundador da associação; Humberto Capristano de Abreu, também fundador da APOTEC, ficou como sócio n.º 2 e António Lopes Reis, outro fundador, foi o associado n.º 3 (Benavente-Rodrigues, 2007).

— Esta associação, desde o seu início, vem conferindo destaque à importância da contabilidade e dos seus profissionais na sociedade e à necessidade de os técnicos de contas melhorarem os seus conhecimentos por via da formação profissional contínua (Rodrigues *et al.*, 2004).

— «Destacou-se, também, pela preparação dos candidatos ao ingresso na profissão de técnico de contas» (Rodrigues e Gomes, 2002, p. 140). De facto, a partir de 1978, passou a haver um exame de aptidão para os candidatos que fossem ou tivessem sido responsáveis pela contabilidade organizada de uma ou mais entidades, mas que, ainda assim, não cumprissem os requisitos de acesso à profissão (designadamente, habilitações literárias e experiência profissional mínimas) consagrados na Portaria n.º 420, de 14 de julho de 1976, do ministro das Finanças (Coelho, 2016), a qual estabelecia condições de inscrição como técnicos de contas na DCGI, nos termos do § único do artigo 52.º do CCI. O exame de aptidão para técnicos de contas consistia numa prova escrita com matérias de contabilidade geral, contabilidade industrial e fiscalidade, tendo sido realizado nas cidades de Lisboa, Porto e Funchal nos dias 20 (contabilidade geral) e 21 (fiscalidade, da parte da manhã; e contabilidade industrial, da parte da tarde) de dezembro de 1978 (Alves, 1979). Os enunciados, propostas de resolução e comentários destes exames podem ser consultados em Alves (1979).

— A APOTEC instituiu nos anos 90 dois prémios anuais: o Prémio de Contabilidade Luiz Chaves de Almeida (a 1.ª edição foi em 1993) e o Prémio de História da Contabilidade (a 1.ª edição foi em 1996). Em homenagem a um dos seus fundadores — Martim Noel Monteiro —, a APOTEC decidiu, em 1999, atribuir ao Prémio de História da Contabilidade a denominação Prémio de História da Contabilidade Martim Noel Monteiro (Benavente-Rodrigues, 2007; Faria, 2008). A atribuição anual do Prémio de Contabilidade Luiz Chaves de Almeida foi uma «sugestão do membro da direção da APOTEC Manuel Benavente Rodrigues» (Benavente-Rodrigues, 2007, p. 65). Desde cedo, a APOTEC manifestou preocupação em instituir prémios que visassem a investigação e a pesquisa em contabilidade: já em 1980, a APOTEC criara o Concurso Nacional de Monografias Contabilísticas Ricardo de Sá (com três prémios) (Benavente-Rodrigues, 2007).

— Fundou, em 1996, o Centro de Estudos de História da Contabilidade (CEHC). Este Centro de Estudos, do ponto de vista institucional, marca o arranque da história da contabilidade em Portugal, tendo como ponto de partida o mês de novembro do ano de 1994, altura em que a APOTEC comemorou, em Lisboa, no ISEG, os 500 anos da impressão, ocorrida em Veneza, da obra de Luca Pacioli (1494), a *Summa de Arithmetica, Geometria, Proportioni et Proportionalita (Coletânea de Aritmética, Geometria, Proporções e Proporcionalidade)*, concretizando, assim, uma ideia/sugestão de Manuel Benavente Rodrigues, à época membro da direção da APOTEC (Benavente-Rodrigues, 2007, 2022). O CEHC da APOTEC foi criado à semelhança do que havia sido feito em Espanha, dado que existe no seio da *Asociación Española de Contabilidad y Administración de Empresas* (AECA), fundada em 1979, uma Comissão de História da Contabilidade, criada em 1992 (Hernández Esteve, 2016). Em 1997, o CEHC dá início à publicação de uma revista especializada em matérias de história da contabilidade, o *Boletim do Centro de Estudos de História da Contabilidade* (uma edição da APOTEC). Membros desde o início e dois dos seus principais impulsionadores, Manuel Benavente Rodrigues (Presidente do Conselho Executivo, em 1996) e António Campos Pires Caiado (Presidente do Conselho Científico, em 1996) são, atualmente, e *nemine discrepante*, os nomes maiores da lista de conselheiros que compõem o CEHC da APOTEC.

— De um ângulo distinto, as conquistas da APOTEC ao longo de mais de 45 anos de atividade têm sido numerosas. A título de exemplo, a ela se deve a existência de liberdade na escolha da entidade ministradora da formação profissional obrigatória dos contabilistas certificados, uma realidade apenas possível após 2015, mercê da contestação judicial levada a cabo pela APOTEC, entre 2004 e 2015, visando ampliar o leque das entidades formadoras dos contabilistas certificados além daquela que regula a profissão. Outra vitória da APOTEC remonta a meados dos anos 80, altura em que o Tribunal Constitucional, a pedido da Provedoria de Justiça (por petição expressa da APOTEC entregue em março de 1982), declara, em novembro de 1986, a inconstitucionalidade dos artigos 160.º e 161.º do Código da Contribuição Industrial e dos artigos 130.º e 131.º do Código do Imposto de Transações (apesar de este já não estar em vigor), uma decisão que representou para os técnicos de contas um alívio e «um peso tremendo que saiu dos nossos ombros» (Benavente-Rodrigues, 2007, p. 35), nomeadamente porquanto os artigos declarados inconstitucionais determinavam (1) o cancelamento da inscrição oficial na DGCI do técnico de contas por efeito automático da aplicação de penas por infrações fiscais a si imputáveis, (2) o cancelamento, por ordem do ministro das Finanças, da inscrição do técnico de contas no caso de este haver subscrito declarações nas quais se verificassem omissões ou inexatidões cuja responsabilidade lhe devesse ser imputada, e (3) a suspensão dos direitos emergentes da inscrição do técnico de contas na DGCI durante a pendência de processo penal sobre si (Acórdão n.º 282, de 11 de novembro de 1986, do Tribunal Constitucional). Este acórdão proferido pelo Tribunal Constitucional é importante, não apenas porque conferiu razão à APOTEC nos termos anteriores, mas também porque veio pela primeira vez reconhecer o interesse público da profissão: «[...] os técnicos de contas exercem uma função de *interesse público* [...]» (Coelho, 2016, p. 330, itálico acrescentado).

— De 1992 a 2021, Manuel Patuleia foi o presidente da direção central da APOTEC. Como todos os membros das restantes direções, defendeu sempre intransigentemente os interesses da classe, proporcionando condições para facilitar a atividade dos profissionais, seja pela frequência de cursos e de ações de formação promovidos pela APOTEC, seja pela consulta, sempre regular, do *Jornal de Contabilidade*, periódico muito valorizado pelas sucessivas direções da associação. Manuel Patuleia, falecido em 2021, foi uma figura marcante da contabilidade em Portugal no século xx, tendo exercido um papel determinante no processo de criação da primeira associação profissional oficial portuguesa reguladora da profissão contabilística, a Associação dos Técnicos Oficiais de Contas (ATOC), em 1995 (Ferraz, 2021; Fortes, Gonçalves e Góis, 2022). Foi sempre, no entanto, um lutador incansável pelo livre associativismo contabilístico em Portugal (APOTEC, 2021). Técnico de contas desde 1965, foi consensualmente considerado um «homem íntegro, de fácil trato e fortes convicções, incansável capacidade de trabalho e refinado bom humor» (Associação Portuguesa de Técnicos de Contabilidade, 2021, p. 139). Foi, bem assim, um «homem de consensos, bem formado, e que conseguiu atravessar períodos fraturantes e muito complicados» (Benavente-Rodrigues, 2007, p. 95).

— A APOTEC tem lugar reservado na galeria da história da contabilidade do século xx (e xxi) em Portugal. Um notável balanço da associação e da sua história nos primeiros 25 anos (1977–2002) pode ver-se em Benavente-Rodrigues (2007).

1977

Jornal de Contabilidade

Tema: Literatura

— Como se escreveu, o *Jornal de Contabilidade* é o periódico da APOTEC. Fundado por Martim Noel Monteiro, o primeiro número foi dado ao prelo em abril de 1977. A revista continua a ser publicada, constituindo-se assim, salvo melhor opinião, no mais antigo periódico de contabilidade português em atividade.

— Foram diretores do *Jornal de Contabilidade* as seguintes individualidades: António Aires de Abreu (de abril de 1977 a dezembro de 1983), Joaquim Costa Neves (de janeiro de 1984 a maio de 1987); Luiz Chaves de Almeida (de junho de 1987 a novembro de 1991); António Lopes Reis (dezembro de 1991, diretor interino); Severo Praxedes Soares (de janeiro de 1992 a dezembro de 2012); e Manuel Benavente Rodrigues (de janeiro de 2013 a dezembro de 2019) (Benavente-Rodrigues, 2007; Guimarães, 2009). Na atualidade, e desde janeiro de 2020, a direção do *Jornal de Contabilidade* pertence a Bruno Lagos.

— Como se observou nos dados acima listados, Severo Praxedes Soares foi o diretor do *Jornal de Contabilidade* que mais tempo esteve no cargo: 20 anos, precisamente.

1978
Revista de Contabilidade e Finanças
Tema: Literatura

— Início da publicação da *Revista de Contabilidade e Finanças*, periódico da APC. Está ainda em atividade. Foi seu diretor e editorialista, durante 22 anos (de 1978 a 1982 e de 1986 a 2013), o professor Carlos Baptista da Costa (*cf.* Costa, 2016). É de referir, com rigor, que a APC deu à estampa, antes da *Revista de Contabilidade e Finanças*, o *Boletim da APC*, cujo primeiro número foi o relativo ao primeiro trimestre de 1976.

1978
Realização do primeiro grande congresso de contabilidade pós-25 de Abril
Tema: Associativismo

— Neste ano de 1978, ocorreu em Aveiro o primeiro grande congresso de contabilidade a tomar lugar depois da Revolução de 1974: as primeiras *Jornadas de Contabilidade*.[12] Organizadas pelo Instituto Superior de Contabilidade

[12] Apropositа-se o ensejo de mencionar que, em abril de 1937, se realizou a primeira grande reunião de profissionais de contabilidade em Portugal, a *I Semana de Contabilidade*; tratou-se de uma iniciativa conjunta dos alunos do Instituto Comercial de Lisboa e da *Revista de Contabilidade e Comércio* (Guimarães, 2010).

e Administração de Aveiro (ISCAA) nos dias 4 a 9 de dezembro, contaram com 449 congressistas e 60 comunicações apresentadas (*Instituto Superior de Contabilidade e Administração de Aveiro*, 1978). A comissão organizadora esteve a cargo de Gonçalves da Silva, Rogério Fernandes Ferreira, Hernâni Carqueja, Alberto Pimenta, Manuel Duarte Baganha, Carlos Figueiredo Mota e Joaquim José da Cunha (*Instituto Superior de Contabilidade e Administração de Aveiro*, 1978). Estas jornadas correspondem presentemente ao *Congresso Internacional de Contabilidade e Auditoria* (*vulgo* «Congresso dos ISCA»), organizado bienalmente pelos Institutos Superiores de Contabilidade e Administração e pela Ordem dos Contabilistas Certificados (OCC).

1980
Elementos de Contabilidade Geral
Tema: Literatura

— Primeira edição do clássico livro *Elementos de Contabilidade Geral*, de António Borges, Azevedo Rodrigues e Rogério Rodrigues. Este manual conta já com 27 edições. Esta literatura académica ajudou na formação de milhares de alunos do ensino superior contabilístico em Portugal.

1985
Boletim Informativo da Câmara dos Técnicos de Contas
Tema: Literatura

— O *Boletim Informativo da Câmara dos Técnicos de Contas* foi publicado até 1994, sendo o seu diretor, de 1985 a meados de 1990, Hernâni Lima Ventura e, posteriormente, até 1994, João Correia Colaço (Guimarães, 2009).

1986
Boletim da Câmara dos Revisores Oficiais de Contas
Tema: Literatura

— Este periódico foi publicado até 1998, embora com interrupções. A partir deste ano, passou a designar-se por *Revisores & Empresas* e, em 2006, o nome mudou para *Revisores e Auditores* (Guimarães, 2009).

1986

Entrada de Portugal na Comunidade Económica Europeia (CEE)

Tema: Normalização contabilística

— A adesão de Portugal à CEE implicará alterações no POC/77, porquanto Portugal, na qualidade de Estado-membro da comunidade, ficará obrigado a transpor para o ordenamento jurídico nacional as diretivas comunitárias da contabilidade, designadamente a IV Diretiva Comunitária (n.º 78/660/ /CEE, de 25 de julho de 1978) e a VII Diretiva Comunitária (n.º 83/349/ /CEE, de 13 de junho de 1983).

— A adesão de Portugal à CEE marca o início do declínio da influência da França no campo da normalização contabilística portuguesa e o início da ascensão do protagonismo da contabilidade oriunda dos países de língua inglesa; a regulação contabilística da locação financeira ocorrida no início da década de 90 e as diretrizes contabilísticas que ajudaram a complementar o POC configuram exemplos ilustrativos desta mudança (Ferreira e Regojo, 1999). Em alguns casos, o texto das diretrizes contabilísticas correspondeu a uma tradução das normas internacionais de contabilidade do então IASC[13]; 20 das 29 diretrizes contabilísticas tiveram influência direta das normas internacionais de contabilidade.

[13] As diretrizes contabilísticas da CNC foram todas emitidas até 2001 (ano em que o IASC foi encerrado para dar lugar à IASCF, de que o IASB passou a fazer parte, como se disse), com exceção da última, a n.º 29, intitulada «Matérias Ambientais», que data de 2002, mas cujo texto não tem ligação às normas do IASB, visto que não existia (nem existe no momento presente, aliás) qualquer norma internacional de contabilidade que visasse exclusivamente questões respeitantes ao reconhecimento, mensuração e prestação de informações sobre questões ambientais nas contas anuais e no relatório de gestão das sociedades. Um último apontamento para referir que a Diretriz Contabilística n.º 29 adotou a Recomendação da União Europeia de 30 de maio de 2001 (recomendação n.º 2001/453/CE) quanto ao assunto em análise: matérias ambientais (Neves, 2018).

1986

O ensino superior politécnico passa a atribuir um grau académico equivalente ao de licenciado

Tema: Ensino

— A Lei n.º 46/86 (Lei de Bases dos Sistema Educativo), de 14 de outubro, estabelece que o ensino politécnico atribuirá diplomas de estudos superiores especializados (DESE), equivalentes, na prática, ao grau de licenciado para efeitos profissionais e académicos.

— Durante muitos anos, cerca de dez, mais concretamente, o ensino superior politécnico viu-se prejudicado (entre 1976 e 1986), porquanto o poder político não permitiu a criação de licenciaturas em Contabilidade, por entender que este ramo do conhecimento não era suscetível de ser objeto de uma licenciatura e por pretender, de forma tácita, favorecer as licenciaturas universitárias em Gestão de Empresas, que, possuindo cadeiras de contabilidade nos seus planos de estudos, seriam, assim, suficientes em Portugal. Não se justificaria, deste modo, a existência autónoma de licenciaturas em Contabilidade. Contra este ponto de vista reacionário, corporativista e incompreensível, bateu-se sempre a APC, defendendo intransigentemente a criação de uma licenciatura em Contabilidade no ensino superior politécnico, até porque tal estava consagrado na lei nacional (veja-se, de novo, o Decreto-Lei n.º 327/76, de 6 de maio).

— De um ponto de vista geral, é importante sublinhar, assim, que os institutos superiores politécnicos, criados pela Lei n.º 5/73, de 25 de julho de 1973[14], contribuíram determinantemente para a formação de contabilistas e para a criação de emprego qualificado nos vários domínios da atividade económica, a par de terem concorrido para o fortalecimento e dinamização da coesão territorial em Portugal.

— Deste modo, é fundamental ter em atenção que a criação do sistema binário de ensino superior, nos idos de 1973, no estertor do Estado Novo, por Veiga Simão, ministro da Educação Nacional de Marcelo Caetano,

[14] Com rigor, apesar de terem sido criados em 1973, os primeiros institutos superiores politécnicos apenas foram formalmente estabelecidos em Portugal no final do ano de 1979, por intermédio do Decreto-Lei n.º 513-T/79, de 26 de dezembro (aprovado pelo Governo de Maria de Lourdes Pintasilgo).

originando uma rede de institutos superiores politécnicos concretizada no início da década de 80 no quadro do processo de recuperação económica, após a intervenção do FMI em 1977 e 1983, representou um forte estímulo para o desenvolvimento do acesso ao ensino superior de contabilidade, tendo os diplomados, inicialmente com o grau de bacharel, desempenhado um importante papel no relançamento, modernização e progresso da economia portuguesa.

1988
Fundação da Associação Portuguesa das Empresas de Contabilidade e Administração (APECA)
Tema: Associativismo

— A APECA é uma associação empresarial, sem fins lucrativos, que representa as empresas e os empresários que tenham como atividade a prestação de serviços de contabilidade e administração. O seu periódico — *Boletim da APECA* — começou a ser editado também neste ano de 1988.
— Em 1988, esta associação exigia às empresas, como requisito de admissão (entre outros) a sócio ordinário da APECA, que «admitissem nos seus quadros, pelo menos, um técnico de contas inscrito na DGCI, licenciado em Economia, Finanças ou Gestão de Empresas, ou pessoa titular de habilitação equivalente» (Coelho, 2016, p. 331).

1989
Promulgação do Plano Oficial de Contabilidade (POC/89)
Tema: Normalização contabilística

— É publicada uma revisão do POC/77, por intermédio do Decreto-Lei n.º 410/89, de 21 de novembro. Portugal passou a adotar o POC/89, ficando o POC/77 revogado. O POC/89 consistiu na transposição da IV Diretiva Comunitária (n.º 78/660/CEE, de 25 de julho de 1978) para o ordenamento jurídico português.
— O POC/89 era aplicável às empresas públicas e sofreu oito alterações legislativas (oito decretos-leis) que o atualizaram sucessivamente.

— Como noutro lugar ficou dito, o POC/89 já foi de aplicação universal à generalidade do tecido económico português, com exceção dos bancos e das seguradoras.

1989
Vazio legal relacionado com a profissão de Técnico de Contas
Tema: Profissão

— Em 1989, o CCI foi revogado, uma vez que se viu substituído por um novo código fiscal, o Código do Imposto sobre o Rendimento das Pessoas Coletivas (CIRC). Incompreensivelmente, o CIRC não referiu uma única vez que fosse a profissão de técnico de contas (Portugal, 2011). Como resultado desta reforma fiscal, deixou de ser necessário que o técnico de contas estivesse registado na DGCI para assinar a declaração fiscal de rendimentos da empresa, desde que o mesmo fosse nomeado pela empresa como o seu técnico de contas (Ferreira e Regojo, 1999). Esta circunstância foi merecedora de forte contestação por parte das associações profissionais de contabilistas (Guimarães, 2009). Desapareceu, ao nível institucional, a figura do técnico de contas (Rodrigues e Gomes, 2002). Este vazio legal foi responsabilidade do legislador (Carqueja, 2001) e durou até 1995, como se mostrará. De facto, entre 1989 e 1995, o desempenho das atribuições características de técnicos de contas pôde ser executado em Portugal por elementos não inscritos na DGCI (Carqueja, 2001).

— As «primeiras declarações de IRC não precisavam sequer de assinatura do técnico de contas responsável» e esta circunstância levou no seu início a «um aumento de abusos e irregularidades», mormente, os relacionados com a situação relativa a uma antiga conta do POC/89, a conta «653 Outros Custos e Perdas Operacionais — Despesas Confidenciais» (Ferreira, 2010, p. 266).

1991
Adaptação do POC/89 à VII Diretiva Comunitária
Tema: Normalização contabilística

— O POC/89, por imposição das instâncias europeias, sofre alterações significativas (*cf.* Decreto-Lei n.º 238/91, de 2 de julho), passando a incorporar normas específicas aplicáveis às ligações entre empresas e à elaboração de informação consolidada que daí resulta. Esta alteração, ocorrida em 1991, serviu o propósito de acomodar a VII Diretiva Comunitária (n.º 83/349/ /CEE, de 13 de junho de 1983). Assim, em 1991, foram acrescentados dois capítulos ao POC/89, os capítulos 13 e 14, relativos a normas de consolidação de contas e DF consolidadas, respetivamente.

— Ainda em 1991, a CNC publica a sua primeira Diretriz Contabilística; a última, a n.º 29, foi publicada em 2002. O POC/89 foi sendo acompanhado pela publicação de 29 Diretrizes Contabilísticas e de cinco Interpretações Técnicas. A legalidade (e a aplicação obrigatória) das Diretrizes Contabilísticas foi em Portugal sucessivamente colocada em causa, uma vez que não haviam sido aprovadas por decreto-lei, tal como o POC o havia sido; esta questão apenas foi ultrapassada com a publicação, em 1999, do Decreto-Lei n.º 367/99, de 18 de setembro, que tornou obrigatórias as diretrizes contabilísticas (Caria e Rodrigues, 2014; Guerreiro e Rodrigues, 2017).

1994
1.º mestrado de Contabilidade em Portugal
Tema: Ensino

— O nome do mestrado era Contabilidade e Finanças Empresariais e foi atribuído pela Universidade Aberta. O primeiro ano letivo de funcionamento deste mestrado correspondeu a 1994/1995.

— O título de mestre foi atribuído pela Universidade Aberta, mas um esclarecimento é aqui devido. A Lei de Bases do Sistema Educativo, de 1986, não permitia, nos anos 90, ao ensino superior politécnico a atribuição do grau de mestre. Por este motivo, o título académico de mestre em Contabilidade e Finanças Empresariais foi atribuído pela Universidade Aberta, sendo que o mestrado funcionava em Aveiro no Instituto Superior de Contabilidade e Administração de Aveiro (ISCAA). Este mestrado foi organizado pelo ISCAA e pelo Instituto Superior de Contabilidade e Administração de Coimbra (ISCAC) (Mendes, 2021). Até que a Lei de Bases do Sistema Educativo contemplasse a prerrogativa de os institutos politécnicos poderem outorgar o grau de mestre, os mesmos foram firmando parcerias com as universidades, de molde à disponibilização, por parte destas, de cursos de mestrado nas instalações dos institutos politécnicos. As primeiras ofertas formativas respeitantes a mestrados de Contabilidade exclusivos dos institutos politécnicos deram-se no ano letivo 2007/2008.

— Interessantemente, cai a propósito observar que o ensino universitário disponibilizou o grau académico de mestre em contabilidade antes de oferecer o grau académico de licenciado neste mesmo ramo do conhecimento (a contabilidade). De facto, a primeira licenciatura em Contabilidade ministrada em «contexto de ensino universitário público apenas foi criada em 2010» (Gomes, Giovannoni, Gutiérrez Hidalgo, Zimnovitch, 2015, p. 187), na Universidade do Minho.

1994
Fundação da Associação de Docentes de Contabilidade do Ensino Superior (ADCES)
Tema: Associativismo

— Em 22 de outubro de 1994, funda-se esta associação de professores (Guimarães, 2009). Tratava-se de uma associação científica e educativa, com sede em Lisboa, mas fundada em Tomar, por ser esta a cidade natal do professor Gonçalves da Silva, recentemente falecido à época. O primeiro presidente da ADCES foi Rogério Fernandes Ferreira (associado n.º 1) (Guimarães, 2009). A ADCES esteve representada no Conselho Geral da Comissão de Normalização Contabilística, organizou diversos congressos nacionais e coorganizou alguns congressos internacionais de contabilidade. Presentemente, a ADCES está inativa (desde 2009, concretamente).

1995
Início da regulamentação da profissão de contabilista em Portugal
Tema: Profissão

— Com o Decreto-Lei n.º 265/95, de 17 de outubro, é aprovado o Estatuto dos Técnicos Oficiais de Contas. Depois de uma luta de mais de 30 anos, tendo como ponto de partida o CCI (1963), os contabilistas em Portugal têm finalmente um estatuto próprio e uma associação que os supervisione e regulamente.

— Cria-se, pela primeira vez, um quadro jurídico enquadrador do exercício da profissão de contabilista, a qual passou a denominar-se Técnico Oficial de Contas (TOC).

— Com o Decreto-Lei n.º 265/95, de 17 de outubro, surge a Associação dos Técnicos Oficiais de Contas (ATOC), cujas Comissões Instaladora e de Inscrição, em 1996, ficaram instaladas num espaço cedido pelo Ministério das Finanças em Lisboa. Desde o CCI até 1995, foram registadas na DGCI cerca de 45 000 inscrições de técnicos de contas (Carqueja, 2001). A partir de 1995, a inscrição na ATOC passou a ser obrigatória para se poder aceder à profissão. As habilitações académicas exigidas para a inscrição foram a posse de uma licenciatura ou de um bacharelato conferidos por estabelecimento de ensino superior nas áreas definidas no Decreto-Lei n.º 265/95, de 17 de outubro, e, simultaneamente, a frequência, com aproveitamento, das disciplinas de Contabilidade Geral, Contabilidade Analítica e Fiscalidade Portuguesa (Franco, 2022).

— O presidente da Comissão Instaladora da ATOC foi António Domingues de Azevedo (oriundo da CTC) e o vice-presidente Manuel Patuleia (oriundo da APOTEC) (depois revezaram-se nos cargos, anualmente). Os membros destas comissões foram nomeados em 15 de julho de 1996 pelo ministro das Finanças, Sousa Franco. O presidente da Comissão de Inscrição foi Carlos Rebelo (TOC n.º 1). Os TOC n.º 2 e n.º 3, foram, respetivamente, António Domingues de Azevedo e Manuel Patuleia.

— O regime de instalação da ATOC decorreu de 1 de julho de 1996 a 31 de dezembro de 1998.

— Passa a ser obrigatória a inscrição na ATOC para se poder exercer a profissão.

— A partir de 1995, passou a ser exigido às empresas que tivessem um Técnico Oficial de Contas (TOC) designado. Para se poder ser TOC, exigir-se-á, a partir de 1999, a licenciatura em Contabilidade, Gestão, Administração, Economia, Finanças ou outros cursos afins oferecidos por instituições do ensino superior, públicas ou privadas.

— A partir de 1997, firmou-se um protocolo entre a comissão instaladora da ATOC e a cooperativa Protocontas, para que a revista já existente

Eurocontas, cujo início de publicação remontara a 1994, passasse a ser o mensário da ATOC e, consequentemente, dos TOC; isto sucedeu no n.º 26 da *Eurocontas* (Guimarães, 2005, 2008). O protocolo não foi renovado, em 2000, depois do n.º 62 da *Eurocontas* (Guimarães, 2005, 2008). Como se verá, em 2000, os TOC passam a ter um periódico próprio criado de raiz e integralmente identificado com os TOC, uma vez que a *Eurocontas* havia sido um projeto inicialmente idealizado e gerido pela cooperativa Protocontas.

1996
Contabilidade Financeira
Tema: Literatura

— Primeira edição do livro *Contabilidade Financeira*, um clássico da autoria de Carlos Baptista da Costa e Gabriel Correia Alves, manual que conta já com dez edições. À semelhança do livro de 1980 anteriormente aqui listado, também este de 1996 se constituiu como um dos principais manuais de apoio à aprendizagem e à prática da contabilidade no ensino superior em Portugal.

1997
Aprovação do Plano Oficial de Contabilidade Pública (POCP)
Tema: Normalização contabilística

— Através do Decreto-Lei n.º 232/97, de 9 de dezembro, é aprovado o Plano Oficial de Contabilidade Pública (POCP) e criada a Comissão de Normalização Contabilística da Administração Pública (CNCAP) (Guimarães, 2009, 2011).
— Tendo por base este plano enquadrador, foram publicados o Plano Oficial de Contabilidade das Autarquias Locais (POCAL), em 1999, o Plano Oficial de Contabilidade do Ministério da Saúde (POCMS), em 2000 [uma adaptação ao POCP do Plano Oficial de Contabilidade para os Serviços de Saúde (POCSS), criado no seio do Ministério dos Assuntos Sociais, em 1980], o Plano Oficial de Contabilidade para o Sector da Educação (POC-Educação), também em 2000, e o Plano Oficial de Contabilidade das Instituições do Sistema de Solidariedade e de Segurança Social (POCISSSS), em 2002.

— O POCP consagra a obrigatoriedade das partidas dobradas na contabilidade pública nacional, 236 anos depois da criação do Erário Régio pelo Marquês de Pombal em 1761.

1999
Câmara dos Técnicos Oficiais de Contas (CTOC)
Tema: Profissão

— Com o Decreto-Lei n.º 452/99, de 5 de novembro, a Associação dos Técnicos Oficiais de Contas (ATOC) passa a designar-se Câmara dos Técnicos Oficiais de Contas (CTOC). Surge, assim, em 1999, um novo estatuto para os contabilistas: o Estatuto da Câmara dos Técnicos Oficiais de Contas (ECTOC).
— Esta legislação de 1999 estabeleceu que a inscrição como membro efetivo passasse a depender não só de habilitações académicas adequadas (licenciatura, com cursos superiores acreditados e reconhecidos pela CTOC), como também de estágio profissional e de realização de um exame com aproveitamento.
— António Domingues de Azevedo é o primeiro presidente eleito da direção da CTOC (Guimarães, 2006), o que significa que, pela primeira vez, é eleito em Portugal de forma democrática, pelos seus pares, um técnico oficial de contas para presidir aos destinos de uma associação pública de profissionais de inscrição obrigatória.
— A partir de 1999, a entrada na profissão requer o grau de licenciado.

2000
Código Deontológico dos Técnicos Oficiais de Contas
Tema: Profissão

— A 1 de janeiro de 2000, entra em vigor o Código Deontológico dos TOC (Miranda, Almeida e Gonçalves, 2017). Este código deontológico fora «aprovado em referendo[15] dos membros [isto é, os TOC], a 12 de agosto

[15] *A contrario sensu*, em Coelho (2016, p. 367) pode constatar-se outra datação para a realização deste referendo: novembro de 1999.

de 1999» (Gonçalves, Gonçalves e Sequeira, 2014, p. 216). Começou, em 2000, por ser um regulamento interno a cumprir pelos membros, para, em 2009, adquirir um estatuto maior, visto que passou a estar plasmado na legislação (*cf.* anexo II do Decreto-Lei n.º 310/2009, de 26 de outubro).

2000
Revista dos Técnicos Oficiais de Contas
Tema: Literatura

— É publicado, em abril de 2000, o número 1 da *Revista dos Técnicos Oficiais de Contas*, comummente denominada *Revista TOC*.
— Esta revista passou, em 2000, a ser o periódico da CTOC e foi criada de raiz por ela no cumprimento das suas disposições estatutárias. Em outubro de 2015, foi substituída pela *Revista Contabilista*, periódico da Ordem dos Contabilistas Certificados (OCC). A OCC é o atual nome da instituição reguladora da profissão de contabilista certificado (CC) em Portugal e a sua existência legal data de 2015. A CTOC passou a Ordem dos Técnicos Oficiais de Contas (OTOC) em 2009, e esta, a OCC, em 2015. A designação da profissão foi redenominada em 2015; de TOC passou a CC. Neste enquadramento, convém acentuar que, até ao 25 de Abril de 1974, Portugal dispunha de apenas quatro ordens profissionais: a Ordem dos Advogados, criada em 1926; a Ordem dos Engenheiros, fundada em 1936; a Ordem dos Médicos, institucionalizada em 1938; e, por último, a Ordem dos Farmacêuticos, estabelecida em 1972.

CAPÍTULO IV

A CONTABILIDADE EM PORTUGAL NO SÉCULO XX: ANÁLISE E DISCUSSÃO

A listagem de acontecimentos inventariados no capítulo anterior oferece uma contribuição significativa para a literatura por ter relacionado, quase sempre, os fatores contabilísticos com os principais aspetos da história política, económica e social de Portugal, ajudando, assim, a confirmar a máxima sentenciosa de Parker (1999) de que a história é, para a humanidade, tão instintiva como o é a arte, a literatura ou a música. A informação contida no capítulo anterior concorre para uma melhor compreensão da contabilidade no período histórico contemporâneo em análise. Com recurso a uma tipologia original e inédita, as incidências contabilísticas portuguesas estabelecidas no século XX foram divididas entre cinco categorias, a saber, associativismo, ensino, literatura, normalização contabilística e profissão. Deste modo, a listagem também proporciona uma visão panorâmica e de conjunto desses eventos ocorridos em Portugal, sendo que a escolha pode, no futuro — e a título de sugestão de trabalho a seguir —, ser alargada a outras áreas, relacionadas, por exemplo, com a fiscalidade, a auditoria, a contabilidade de gestão, a legislação sobre contabilidade pública, o sector não lucrativo, o direito contabilístico, os congressos e as jornadas de contabilidade ou a contabilidade nas ex-colónias portuguesas (ex-províncias ultramarinas, com a revisão constitucional de 1951), entre outros domínios do conhecimento contabilístico.

O período (caótico) da Primeira República, compreendido entre 1910 e 1926, assim como, aliás, os últimos anos relativos ao fim e ao derrube de uma debilitada Monarquia Constitucional têm sido seriamente subestimados pelo geral da historiografia que se debruça sobre a história da contabilidade portuguesa. Seja como for, o século XX abriu com a criação das sociedades por quotas, em 1901; esta circunstância aumentou o mercado para a ocupação contabilística, o qual, até ao fechamento social alcançado no termo do século com a regulamentação profissional ocorrida em 1995 (Coelho, 2015), viria sucessivamente a ser alargado à medida que foram sendo criadas em Portugal regras de contabilidade sectoriais, escolas técnicas comerciais de ensino secundário e institutos comerciais de ensino médio. Neste enquadramento, em termos educativos, a contabilidade, na década de 30, início do Estado Novo, é ensinada em Portugal em três níveis distintos: 1) secundário (nas escolas técnicas profissionais); 2) médio (nos institutos comerciais de Lisboa e do Porto, cujos diplomados são os únicos a denominar-se contabilistas); e 3) universitário (no ISCEF, unidade orgânica da Universidade Técnica de Lisboa, especialmente na secção de administração, cujos diplomados se orgulham da designação de comercialistas) (Sousa, 1998). Aqui, no que concerne à relação entre o Estado Novo e o ensino superior de contabilidade, deve olhar-se para esta questão de uma perspetiva holística, de molde a retirar-se a conclusão fundamental, aliás, já debatida de forma muito vincada na literatura, de que Salazar nutria uma «especial aversão a uma massificação da educação e, em particular, do ensino superior» (Grilo, 2022, p. 161), sendo que «as universidades eram apenas para ser frequentadas pela "elite das elites"» (Grilo, 2022, p. 161), bastando ao país ter os «quadros qualificados para fazer funcionar a máquina do Estado e para assegurar uma gestão mais qualificada das empresas com maior relevância no mundo da economia e do sistema financeiro» (Grilo, 2022, p. 161). Nesta dimensão, no tempo da ditadura nacional, Portugal foi de facto um país que não apostou na educação: o regime começou, em 1927, devido a razões orçamentais, por reduzir a escolaridade obrigatória de cinco para quatro anos e, posteriormente, em 1930, de quatro para três anos, uma situação que apenas se inverteu em 1956 para o sexo masculino (escolaridade obrigatória de quatro anos) e, mais tarde, em 1960, para o sexo feminino (escolaridade obrigatória de quatro anos, também).

Uma palavra é devida, também, para as saídas profissionais dos contabilistas e agentes da contabilidade. No geral, existia, na realidade, desde o final do século XIX e inícios do século XX, um mercado ativo para os profissionais de contabilidade, porquanto, não obstante o facto de Portugal ter uma situação económica essencialmente agrária, a industrialização do país começava nessa época a fazer-se sentir, nomeadamente com o surgimento de centrais elétricas, empresas de transportes urbanos de passageiros (carros elétricos — em 1895, no Porto e, depois, em Lisboa), de telefones, telégrafo, iluminação pública, bancos, seguradoras, empresas de importação e exportação, indústrias conserveiras (as conservas foram utilizadas massivamente como rações de combate pelos soldados nas trincheiras da I Guerra Mundial) e a instalação, em 1907, no Barreiro, da primeira grande fábrica do grupo Companhia União Fabril (CUF), dedicada à produção de adubos destinados à produção cerealífera do Alentejo.

A um nível global, no final da década de 40 do século xx, era este o retrato resumido da contabilidade em Portugal: «As contas das empresas continuaram só enformadas pelo código comercial ou por legislação especial (esta na banca, seguros e indústria de moagem de cereais), as sociedades anónimas sem exigência de auditoria, os profissionais sem requisitos de qualificação e a tributação continuou baseada no lucro normal» (Carqueja, 2011, p. 33) estabelecido pelas repartições de finanças. Por outro lado, até ao início da década de 60, o contabilista era um profissional a quem não eram exigidas qualificações especiais, não existia qualquer regulação da profissão e não havia qualquer normativo contabilístico relacionado com a contabilidade empresarial (Basto, 2022), que não fosse a bancária ou a seguradora. Tudo isto não constituía propriamente uma grande surpresa, numa altura em que, mesmo em termos internacionais, a contabilidade era ainda definida de modo convencional como uma arte; recorde-se, neste sentido, a bem-conhecida definição, do ano de 1941, do *American Institute of Accountants*[16]: «*Contabilidade é a arte* de registar, classificar e sintetizar de maneira significativa e em termos monetários, transações e eventos que são, pelo menos em parte, de carácter financeiro, interpretando os seus resultados» (Carnegie, Parker e Tsahuridu, 2021, p. 66, itálicos acrescentados).

Como colocado em evidência na listagem anterior, o desenvolvimento da contabilidade ficou em Portugal associado, essencialmente, a quatro aspetos:

[16] Cumpre reconhecer que o *American Institute of Accountants* (AIA), uma associação de profissionais de contabilidade norte-americana, foi fundado em 1887, sob o nome de *American Association of Public Accountants* (AAPA). A partir de 1957, o AIA adotou a denominação *American Institute of Certified Public Accountants* (AICPA).

(1) o Código da Contribuição Industrial, em 1963, com a consequente criação da figura jurídica do técnico de contas, podendo assim dizer-se que a existência legal da profissão se ficou a dever a um código fiscal; (2) o 25 de Abril de 1974, revolução a partir da qual surgiram as associações de contabilistas, designadamente a APC, em 1975, e a CTC e a APOTEC, ambas em 1977, fazendo jus ao espírito de livre associativismo da época; (3) a entrada em vigor de um Plano Oficial de Contabilidade, em 1977, obrigatório para as maiores empresas portuguesas, incluindo as públicas; e (4) a regulamentação, em 1995, da profissão de técnico oficial de contas (hoje, contabilista certificado), com um estatuto próprio para esse grupo profissional e uma entidade de inscrição obrigatória.

O presente trabalho permite consolidar o ponto de vista de que, ao longo do último quartel do século XX, as características mais importantes do desenvolvimento da contabilidade portuguesa foram, por um lado, a sua progressiva normalização e, por outro, a ambicionada conquista da regulamentação profissional. Pode assim dizer-se que se abriu um novo período para a contabilidade portuguesa, marcado pela consolidação e estabilização democráticas ocorridas após a Revolução dos Cravos de 25 de Abril de 1974. No mais, um momento particularmente importante da contabilidade portuguesa e que contribuiu para o progresso das práticas contabilísticas foi a promulgação, em 1963, do CCI, já que com este diploma fiscal a administração tributária passou a exigir aos técnicos de contas determinados elementos de escrita (Ferreira, 1965), como, por exemplo, a redação de um *relatório técnico* a entregar à DGCI com informações e comentários sobre, entre outros aspetos, reintegrações, amortizações, existências, créditos incobráveis, provisões, mais-valias realizadas e gastos gerais de administração, com especial referência às remunerações, de qualquer espécie, atribuídas aos corpos gerentes, bem como a todas as despesas de representação suportadas durante o exercício.[17] Das obrigações fiscais prestadas ao Fisco, a partir de 1963, por parte dos contribuintes do grupo A do CCI, «resultou um contributo valioso para

[17] Uma orientação para a elaboração deste *relatório técnico*, cujo conteúdo tinha por objetivo melhorar a compreensibilidade das contas, pode ver-se em Ferreira (1965, pp. 211–216). Cumpre agradecer o gentil envio desta última informação ao senhor Dr. Carlos Ferraz, Presidente do Conselho Executivo do Centro de Estudos de História da Contabilidade da APOTEC. Outro exemplo de redação do *relatório técnico*, cujo «texto poderia variar até ao infinito» (Monteiro, 1964, p. 121), pode localizar-se em Monteiro (1964, pp. 121–128).

o progresso das práticas contabilísticas portuguesas, na medida em que isso conduziu a estudos e à adoção de procedimentos e critérios mais corretos e uniformes de apuramento de resultados» (Ferreira, 1983, p. 96). Olhando para dentro, António Tomé de Brito escrevia, em 1964, que o CCI, contendo muitas e variadas indicações referentes à contabilidade, aumentou consideravelmente o trabalho dos técnicos de contas e contribuiu para a expansão do prestígio da contabilidade (*cf.* Brito, 1964). Por outra via, o maior entrave ao desenvolvimento da contabilidade em Portugal prendeu-se com o próprio sistema político antidemocrático que vigorou até ao 25 de Abril de 1974, porque a ditadura de Salazar e, depois, a de Marcelo Caetano, proibiram o associativismo livre profissional, o que dificultou a agregação dos técnicos de contas. O regime do Estado Novo continha diversos pontos essenciais próprios do *zeitgeist* que Portugal então experimentava e que no seu todo obstaculizaram o desenvolvimento da contabilidade, como sejam a inexistência de sindicatos livres, a impossibilidade do recurso à greve ou a falta de liberdade para a constituição de partidos políticos.

É importante referir, neste contexto, que a própria filosofia corporativista defendida por Salazar e pela sua *entourage* de fiéis e leais colaboradores do Estado Novo — como, por exemplo, «Pedro Teotónio Pereira[18], o arquiteto da implantação do sistema corporativo» (Pinto, 2001, p. 1065) —, cuja essência consistia em hostilizar e reprimir a luta de classes no sentido de evitar tensões e conflitos sociais, colidia com os ideais expressos pela associação livre e natural de indivíduos, impedindo assim que os grupos de profissionais se organizassem e defendessem os seus legítimos interesses, tanto mais que os organismos corporativos da época, como sejam os grémios nacionais, controlados pelo patronato, constituíram-se como o elo mais forte do corporativismo português, impondo ao operariado condições de trabalho precárias, reduzidos direitos laborais e baixos níveis gerais de salários das classes tra-

[18] Pedro Teotónio Pereira foi Subsecretário de Estado das Corporações e Previdência Social entre abril de 1933 e janeiro de 1936, um cargo criado no Estado Novo. O lugar reportava diretamente a Salazar. Não havia, em 1933, um ministério das Corporações e tão-pouco havia um secretário de Estado das Corporações. De acordo com Freire e Ferreira (2018), em agosto de 1950, foi extinto o Subsecretariado de Estado das Corporações e Previdência Social e criado o Ministério das Corporações e Previdência Social, transitando para este todos os serviços dependentes daquele Subsecretariado.

balhadoras, a fim de tornar a indústria portuguesa competitiva e atrativo o investimento direto estrangeiro em Portugal.[19] Dito de uma forma simples: a contabilidade foi a expressão do seu contexto.

A situação atinente à ausência de regulamentação profissional que se verificou em Portugal durante o Estado Novo, com um estatuto e normas deontológicas próprias, não obstante os pedidos e as pressões dos técnicos de contas para que o Governo a instituísse, também se ficou a dever ao facto de os profissionais de contabilidade se encontrarem integrados, de forma heterogénea, nos sindicatos nacionais de empregados de escritório ou análogos (bancários, seguros, serviços administrativos de navegação, entre outros), não dispondo os mesmos, assim, de uma organização formal que, representando-os em exclusivo (Rodrigues e Gomes, 2002; Coelho, 2016), lhes conferiria, porventura, maior protagonismo social na defesa dos seus interesses e pontos de vista.

Há também a registar que, de acordo com Coelho (2016), a falha na concretização da regulamentação do exercício da profissão de contabilista, no período pré-25 de Abril, também se deveu à falta de consenso intraprofissional que, nessa época, existiu entre os denominados *diplomados* e os *práticos* (profissionais sem habilitações académicas adequadas, mas com experiência prática do ofício), dissenso particularmente visível no que se prendeu com os critérios de inscrição como técnicos de contas. De modo semelhante, um outro conflito intraprofissional surgiu depois do 25 de Abril de 1974 (Coelho, 2016), porquanto a CTC e a APOTEC — duas associações representativas dos técnicos de contas fundadas em março de 1977 com atos de constituição separados por meros oito dias de calendário, o que só por si sinaliza a desunião dos profissionais—, manifestaram sempre dois pontos de vista antagónicos no que respeitou à regulamentação legal da profissão. A primeira (a CTC) defendia a criação de um organismo profissional de inscrição obrigatória e a segunda (a APOTEC) nunca concordou com a criação de tal organismo, ainda que ambas partilhassem o mesmo ponto de vista quanto ao desejável estabelecimento e fixação de um conjunto de deveres e de direitos dos profissionais, até porque ambas tinham vindo a propor, desde 1979, ao Governo, os seus próprios projetos de regulamentação da profissão de técnicos de contas.

[19] Na década de 60 do século passado, a oposição ao Estado Novo tinha por costume referir que a verdadeira liderança do país no sector privado assentava numa *mão-cheia* de plutocratas industriais e comerciais, as chamadas *40 famílias*, que, aliadas por casamentos, concentravam em si uma imensa quantidade de riqueza e poder (Meneses, 2010; Caria e Rodrigues, 2014).

Esta circunstância conduziu a historiografia a concluir que o processo de regulamentação legal da profissão de contabilista em Portugal, concluído em 1995, foi retardado pelo divisionismo pós-25 de Abril existente entre os técnicos de contas, tanto mais quanto se sabe que o Governo, na década de 80 do século passado, procedeu à constituição de grupos de trabalho — com elementos da CTC e da APOTEC, entre outros — conducentes ao estudo da regulamentação legal dos técnicos de contas em Portugal. Houve, portanto, no último quartel do século XX, em particular em meados da década de 80, vontade política para criar um quadro institucional e regulatório da profissão de contabilista, resolvendo-se, deste modo, uma questão que remontava a 1963, porquanto o CCI consagrara no artigo 52.º que a regulamentação legal do exercício da profissão de técnico de contas seria de efetivar pelos poderes públicos a breve trecho. Neste capítulo, registe-se, *en passant*, que já António Tomé de Brito (primeiro presidente da SPC), em palestra proferida na SPC, em 1949, defendera que a regulamentação da profissão permitiria a criação de uma Ordem dos Contabilistas (Portugal, 2013). Como quer que seja, a profissão foi regulada em 1995 sobretudo por razões fiscais, isto é, o Governo estava interessado em criar uma rede sólida de interlocutores entre os agentes económicos e as autoridades fiscais e parafiscais. Ainda assim, não obstante a profissão de técnico de contas não ter sido regulamentada antes da Revolução de 25 de Abril de 1974, como ficou dito, a profissão de revisor oficial de contas (ROC) foi-o, mediante o Decreto-Lei n.º 1/1972, de 3 de janeiro, que deu aos ROC o seu primeiro estatuto profissional e a Portaria n.º 83/1974, de 6 de fevereiro, a qual constituiu a Câmara dos Revisores Oficiais de Contas (CROC).

Regressando à órbita contabilística, convém dar nota de que no final do século XX algumas das disposições do vetusto Código Comercial de 1888 (dito de Veiga Beirão) continuavam em vigor, mormente, a obrigatoriedade de existência nas empresas dos livros da escrituração mercantil de inventário, balanço, diário, razão e copiador (Ferreira e Regojo, 1999; Marques, 2022) e, correspondentemente, a imposição da sua legalização nas conservatórias do registo comercial.[20] O POC/89, título por que passou a ser conhecido correntemente o modelo nacional de normalização contabilística, continuava a

[20] Em 2006, de acordo com as alterações introduzidas pelo Decreto-Lei n.º 76-A/2006, de 29 de março, os livros de inventário, balanço, diário, razão e copiador deixaram de ser obrigatórios em Portugal.

vigorar no ocaso da centúria, havendo sido revogado apenas em 2009, com a publicação do Decreto-Lei n.º 158/2009, de 13 de julho, que aprovou o Sistema de Normalização Contabilística (SNC), o qual se baseia nas normas internacionais de contabilidade do IASB adotadas e endossadas pela União Europeia.

Numa abordagem genérica ao século XX português, vale a pena mencionar que o desenvolvimento muito pouco sustentado da contabilidade até 1974 se ficou a dever aos condicionalismos naturais decorrentes de um período ditatorial em que, feitas as contas, o país esteve imerso por quase meio século (1926–1974). Se a isto se somar a instabilidade geral do país originada pela Primeira República (1910–1926), melhor se compreende as repercussões negativas que o cenário político nacional exerceu, entre outros aspetos, sobre o crescimento de associações de profissionais, instituições de ensino de contabilidade, literatura contabilística, normas e regras de contabilidade promovidas pelo Estado e regulamentação, também legal, da profissão de contabilista. A *famosa* lei do condicionamento industrial de 1937 — atualizada diversas vezes durante o Salazarismo —, que estabeleceu limites à livre iniciativa privada na indústria, também concorreu para a estreiteza do capitalismo português (Sardica, 2011). Como se intui, a contabilidade, o capitalismo e a democracia costumam andar de mãos dadas (*cf.* Carqueja, 2003). *Ceteris paribus*, a democracia favorece e promove condições para o controlo e para a prestação de contas das unidades económicas.

Em pleno final do século XX, em 1999, ano em que, por um lado, foi eleito democraticamente pela primeira vez em Portugal um técnico oficial de contas (*i.e.*, António Domingues de Azevedo) para presidir à direção de uma associação pública de profissionais de inscrição obrigatória (*i.e.*, a CTOC) e, por outro, a CTOC passou a exigir ao candidato a técnico oficial de contas o grau de licenciado para acesso à profissão, fechou-se o primeiro grande ciclo de crescimento sustentado da contabilidade portuguesa, volvidos 25 anos desde o 25 de Abril de 1974. Nestes termos, o período de tempo compreendido entre 1974 e 1999 pode e deve ser assim assinalado como os *Vinte e Cinco Anos Gloriosos* da contabilidade portuguesa do século XX.

Termina-se a discussão com uma cláusula de salvaguarda óbvia: esta listagem alusiva aos mais importantes acontecimentos ocorridos em Portugal no arco temporal Novecentista 1) consiste numa seleção subjetiva e parcial em função dos indicadores de análise assumidos *a priori* (veja-se Veyne, 1983) e 2) apresenta-se delimitada por um número razoável e aceitável de entradas para a dimensão de um trabalho que pretende abarcar 100 anos de história — 75 entradas, no caso em tela. Como tal, equivale isto a dizer que a presente pesquisa qualitativa partilha do (e reflete o) entendimento de Habermas (1990, p. 27), quando regista que «os factos que os historiadores nos apresentam como acontecimentos do passado são na realidade juízos de valor do investigador». Como quer que seja, a contabilidade não é nem nunca foi um fenómeno natural, antes uma prática social (Hopwood, 1985; Hopwood e Miller, 1994; Gomes, 2008), e é sabido, numa outra ótica, que as demonstrações financeiras estão eivadas de subjetivismo e que as contas não podem nunca inteiramente fornecer uma imagem absolutamente fidedigna da realidade de uma entidade. A este nível, concorda-se com Mattessich (2004, p. 512): «A objetividade e a verdade absoluta são ilusões.» Ademais, em história, a verdade, ao contrário da física ou da biologia, é sempre muito relativa (Bonifácio, 1999).

CAPÍTULO V

SOB UM PRISMA FINALISTA: REFLEXÕES PARA UMA VISÃO GLOBAL DA HISTÓRIA DA CONTABILIDADE NACIONAL DO SÉCULO XX

No plano teórico, «para se simpatizar com a contabilidade é necessário conhecê-la, primeiramente» (Amorim, 1929, p. 12). O presente estudo dá crédito, também, à ideia de que é mais fácil a um leitor interessado na contabilidade adquirir informação nova — aprender — quando tem, dispõe e faz uso de conhecimento prévio relevante. Ademais, a contabilidade é uma ciência: importa conhecer a sua natureza histórica e cultural. Com isto em mente, este livro procedeu a uma investigação do passado da contabilidade em Portugal. Para tanto, em linha com os trabalhos do autor Joaquim Cunha Guimarães (ver, para todos, Guimarães, 2009, pp. 23–43), a pesquisa, reunindo e exibindo um conjunto muito amplo de conhecimentos, recorreu a uma apresentação histórico-narrativa dos principais acontecimentos contabilísticos portugueses sucedidos no século xx, uma tarefa que, na esteira da tradição de Alexandre Herculano, teve em vista enriquecer o presente com a experiência do passado (*cf.* Ramos, 1979).

Este exercício de reflexão sobre a contabilidade portuguesa do século xx circunscreveu o seu objeto a factos contabilísticos adstritos a uma tipologia original e inédita desdobrada entre cinco prismas ou temas de análise: associativismo, ensino, literatura, normalização contabilística e profissão. No total, foram arrolados e comentados 75 factos marcantes da contabilidade em Portugal sucedidos no século xx. Estes 75 factos, nas suas múltiplas dimensões histórico-contabilísticas, concorreram, em conjunto, para fazer sobressair o determinante papel que a contabilidade desempenhou na sociedade portuguesa do século XX, sobretudo na sua vertente económica. Contudo, este texto não ignora que «o conhecimento do passado é coisa em progresso, que ininterruptamente se transforma e se aperfeiçoa» (Bloch, 1993, p. 55).

Ao fazer tudo isto, a presente investigação cumpriu uma das principais funções do estudo da história da contabilidade: ajudar a compreender e a perceber o passado e o presente e ajudar a perspetivar e a projetar o futuro da contabilidade. Na verdade, «compreender o nosso tempo é impossível a quem tudo ignora do passado; ser contemporâneo é também ter consciência das heranças consentidas ou contestadas» (Ramos, 1979, p. 185). Dito por outras palavras: o estudo sistemático de elementos da história da contabilidade tem, para a sociedade, aplicações retrospetivas, mas também efeitos prospetivos. Aqui reside, de facto, uma das principais contribuições deste estudo: ele auxilia a compreensão do passado contemporâneo da contabilidade portuguesa e ajuda a projetar o seu futuro próximo, contribuindo também para a ideia de que a história da contabilidade concorre de maneira importante para a riqueza intelectual da nossa disciplina, ainda que fazer história signifique sempre interpretar, com alguma dose de subjetividade, o passado humano. Esta interpretação e esta contribuição para a riqueza intelectual da contabilidade por parte da história da contabilidade é tanto mais rica, profunda e analítica quanto maior for a interdisciplinaridade, sempre difícil e complexa, existente no seio dos contabilistas (Benavente-Rodrigues, 2014). Assim sendo — e por este motivo —, o presente trabalho recorreu quer a literatura contabilística, quer a literatura historiográfica.

Captando a atmosfera e o sabor do século XX português, o estudo poliédrico aqui exposto inseriu-se na corrente da história tradicional da contabilidade, fez uso dos métodos bibliográfico e documental para a recolha de dados e adotou uma perspetiva narrativa, quanto à metodologia da investigação. A aplicação de uma metodologia narrativa não significou, naturalmente, a exclusão de qualquer intenção (ou vontade) de explicar e interpretar os factos expostos (*cf.* Hernández Esteve, 2013). Neste âmbito, concorda-se com a apreciação de Veyne (1983), quando refere que o importante é explicar os acontecimentos, tornando-os compreensíveis, e que a história é uma narrativa de eventos cujo produto final não é passível de totalização da realidade. Em consequência, como defende um dos principais especialistas mundiais de história da contabilidade, Esteban Hernández Esteve, a pertinência de estudos da corrente tradicionalista permanece válida, já que todos os estudiosos da contabilidade deveriam possuir um mínimo de conhecimentos histórico--contabilísticos, pois os mesmos ajudá-los-iam a situar-se conceptualmente nos seus contextos académicos e profissionais (Hernández Esteve, 1997). De forma equivalente expressou-se o eminente professor Stephen Zeff: «Desde que comecei a ensinar [contabilidade, em 1961], acredito que uma apreciação do contexto histórico de normas de contabilidade, práticas, princípios e instituições ajuda os alunos a entender melhor o estado atual» do conhecimento contabilístico (Zeff, 2018, p. 95). Neste sentido, convém assim dizer que os próprios cursos superiores de Contabilidade beneficiariam, do ponto de vista científico-pedagógico, se mais conteúdos da disciplina de História da Contabilidade fossem incluídos nos seus planos de estudos globais (Guimarães, 2005; Richardson, 2008; Bisman, 2009; Sangster, 2010; Gonçalves, 2013, 2016, 2017, 2019).

Numa outra perspetiva, atualmente a profissão de contabilista certificado está regulamentada sob a égide de uma associação pública profissional, a OCC, e é das mais bem reconhecidas do ponto de vista social em Portugal, sendo que a 31 de dezembro de 2021 estavam nela inscritos ativamente 68 120 contabilistas (31 433 homens — 46,1% do total — e 36 687 mulheres — 53,9% do total) (*Relatório e Contas da Ordem dos Contabilistas Certificados*, 2021), revelando-se, assim, a maior instituição profissional de inscrição obrigatória em Portugal. Um longo e sinuoso caminho foi percorrido desde, por exemplo, o ano de 1940, em que dados oficiais do Instituto Nacional de Estatística registaram haver em Portugal, no total, 3969 guarda-livros (destes, 111 eram mulheres) e 394 comercialistas, contabilistas e técnicos de organizações comerciais (Gonçalves, 1998); ou desde o final dos anos 70, em que, por não haver uma licenciatura em Contabilidade em Portugal (apenas havia bacharelatos em Contabilidade e Administração no ensino superior politécnico), as escolas de contabilidade estavam praticamente sem alunos (o ISCAL, em 79/80, admitiu apenas 56 alunos e o ISCAP, no mesmo ano letivo, 47) (Barata, 1980). De permeio, é útil mencionar que existiam nas instituições de ensino superior públicas portuguesas 21 licenciaturas no ano letivo 2016/2017 que apresentavam a contabilidade como corpo principal de conhecimentos, três ministradas no ensino superior universitário e 18 lecionadas no ensino superior politécnico (Carvalho, 2017).

Como se fez notar ao longo destas páginas, a atividade contabilística é uma das mais importantes e necessárias ao arranque e consolidação do desenvolvimento económico de qualquer país. Dito de outra maneira: após 1976, com a democratização e constitucionalização do país, e sobretudo depois de 1986, com a integração plena na CEE, fatores que levaram ao aumento e modernização do tecido empresarial português (no tempo presente, ele é hoje o triplo em termos do número oficial absoluto de unidades económicas[21] — *sociedades* e *empresas em nome individual* — do que era no final da década de 80 do século passado), o desenvolvimento da contabilidade nacional foi causa e efeito do próprio desenvolvimento global do país operado especialmente no último vinténio do século xx. É aqui que entra a questão das novas oportunidades oferecidas pela entrada na CEE em 1986, visto que a contabilidade ajudou a operacionalizar, monitorizar e controlar a aplicação dos subsídios recebidos ao abrigo dos fundos estruturais europeus, mormente, o Fundo Europeu de Desenvolvimento Regional (FEDER), o Fundo Social Europeu (FSE) e o Programa Específico de Desenvolvimento da Indústria Portuguesa (PEDIP), para o que era necessário haver técnicos competentes, que, unidos sob a égide de uma associação pública reguladora da profissão e de inscrição obrigatória, fossem capazes de assegurar as necessidades de ordem administrativa e as exigências do progresso das atividades económicas.

Vale a pena sublinhar, ainda, que a contabilidade portuguesa, durante boa parte da centúria de Novecentos, foi também muito influenciada pela determinante ação educativa exercida por eminentes professores(as) de contabilidade, quer por intermédio das suas aulas e preleções, quer por meio das suas numerosas e valiosas publicações de livros e/ou artigos da especialidade. Esta última asserção permite aqui convocar, por exemplo, os nomes de Ana Maria Rodrigues, António Borges, António Pires Caiado, Camilo Cimourdain de Oliveira, Carlos Baptista da Costa, Domingos Cravo, Gonçalves da Silva, Hernâni Carqueja, Jaime Lopes Amorim, Joaquim Ferreira Ribeiro, José António Sarmento, José Marques de Almeida, José Matos Carvalho, Leonor Fernandes Ferreira, Lúcia Lima Rodrigues, Martim

[21] Este número oficial de unidades económicas existentes em Portugal considera que o indicador denominado «empresas em nome individual» (ENI) inclui os *Comerciantes em Nome Individual*, os *Empresários em Nome Individual*, os *Estabelecimentos Individuais de Responsabilidade Limitada* (EIRL) e os *Trabalhadores Independentes*.

Noel Monteiro, Raul Dória, Ricardo José de Sá, Rodrigo Afonso Pequito e Rogério Fernandes Ferreira, entre muitos outros destacados doutrinadores (e doutrinadoras) nacionais de grande crédito e reputação, com particular expressão para as atividades que desenvolveram ao longo do século XX no ensino da contabilidade e disciplinas conexas em Portugal.

Em termos de balanço quase final desta contribuição, espera-se que a leitura do texto possa fornecer conhecimento sistematizado que se revista de um carácter de utilidade prática para a comunidade científica portuguesa e que sirva como um instrumento de estudo e de motivação para os cerca de 24 000 estudantes que anualmente ingressam no ensino superior português na área de ensino e formação das Ciências Empresariais (área n.º 34 da Classificação Nacional das Áreas de Educação e Formação — CNAEF). Com efeito, o estudo da história da contabilidade não é um fim em si mesmo; antes visa criar condições para a melhoria das práticas pedagógicas da contabilidade, por parte dos docentes, e para o aprofundamento sustentado das matérias contabilísticas aprendidas, no caso dos estudantes e futuros profissionais (Gonçalves, 2019). Deseja-se, bem assim, que a abordagem trazida por este retrato da contabilidade portuguesa no século XX se possa revelar útil aos investigadores da história da contabilidade portuguesa, no sentido de que possam ver na base de dados que o documento forneceu um auxiliar precioso para o prosseguimento e aprofundamento das suas pesquisas, em especial as que contribuam para ampliar o carácter multidimensional da contabilidade reproduzido neste livro. Espera-se, ainda, que este documento contribua para que os professores e os estudantes de contabilidade se convençam de que a história da contabilidade pode ser a base de um processo de ensino-aprendizagem mais estimulante, menos rotineiro e mais propenso ao sucesso académico. Em última análise, a presente reflexão visou demonstrar a importância do conhecimento histórico como uma das estratégias de desenvolvimento para o fomento do ensino superior e da investigação académica em contabilidade (Barbedo, 2014).

Em jeito de notas finais relativas a sugestões para futuros trabalhos de investigação no ramo do conhecimento da história da contabilidade nacional, crê-se que será de primacial importância alargar a baliza temporal do trabalho para incluir outros períodos da história do país, em particular os séculos XVIII e XIX e, como se deixou previamente escrito, estender, o número de prismas ou dimensões de análise (*i.e.*, associativismo, ensino, literatura, normalização contabilística e profissão) em estudos vindouros, porquanto é riquíssimo o fenómeno contabilístico português. Por outro lado, também se considera útil e interessante a elaboração de estudos transnacionais na área da história da contabilidade internacional comparada (Carnegie e Napier, 1996, 2002) sobre o desenvolvimento contabilístico registado no século XX em diferentes países, sendo que, sob este pano de fundo, a comparação entre os resultados obtidos por este trabalho para o século XX com países como Brasil, Espanha, Estados Unidos da América, Inglaterra, Itália e França, sobretudo esta última nação, poderia contribuir para o debate sobre as principais diferenças culturais existentes entre a contabilidade portuguesa (e as suas principais instituições) e a dos outros países incluídos nos estudos em apreço.

Para fechar a presente reflexão de cariz epistemológico acerca da contabilidade nacional, o registo de um truísmo: o século XX português já não existe. Não obstante, espera-se que o presente estudo tenha constituído uma aproximação, porventura instrutiva, a esse passado, cuja análise se revelou indissociável da visão do mundo e dos pressupostos filosóficos subjacentes a esta investigação. Entre esse passado, tal como os coevos o viveram, e a reconstituição, naturalmente imperfeita, que desse passado esta história narrativa produziu, existe sem dúvida um abismo; mas este abismo, ainda assim, contém em si mesmo uma possibilidade de entrever, de forma imaginária mas plausível (Bonifácio, 1999), esse *desaparecido* século XX português.

Este texto aspira a figurar nas bibliotecas de todos aqueles que gostam de contabilidade, que a ensinam, que a aprendem, que a divulgam, que a praticam, que a enobrecem com o seu exemplo e que dela fizeram e fazem a sua vida profissional. A estes últimos é o documento, com humildade, despretensiosamente dedicado.

POSFÁCIO

Durante o século xx, a contabilidade portuguesa passou por uma série de mudanças e evoluções significativas. Alguns dos aspetos mais importantes incluem:

Regulação — A contabilidade portuguesa passou por um processo de regulação, com a criação de normas e princípios para garantir a uniformidade e a transparência das informações contábeis. Em 1977, foi criado o Plano Oficial de Contabilidade (POC), que vigorou até 2009, quando foi substituído pelo Sistema de Normalização Contabilística (SNC).

Internacionalização — A partir dos anos 90, houve uma maior abertura do mercado português para o exterior, o que levou a uma maior adoção das normas contábeis internacionais, em particular as Normas Internacionais de Contabilidade (IAS/IFRS).

Tecnologia — A introdução de computadores e *softwares* de contabilidade nas empresas trouxe uma grande transformação na forma como as informações contábeis são reportadas.

Profissionalização — Formação de associações e entidades reguladoras da profissão, como a Ordem dos Contabilistas Certificados e a Associação Portuguesa de Técnicos de Contabilidade (APOTEC).

Formação — Ao longo do século xx, houve uma crescente educação em contabilidade com a criação, primeiro, de bacharelatos e, depois, de licenciaturas e pós-graduações.

Evolução do mercado e da economia — A economia portuguesa passou por diversas mudanças ao longo do século passado, incluindo a transição do modelo agrícola para o industrial, o turismo como importante sector e a integração de Portugal na União Europeia.

Este trabalho agora apresentado elenca um conjunto de marcos históricos que ancoram cronologicamente a evolução da contabilidade. Neles, de forma indireta, podemos ver e sentir o pulsar da sociedade portuguesa do século em apreço. A contabilidade é apresentada como um registo rigoroso da história, sendo, assim, uma rocha onde podem ser alicerçadas as mais variadas teorias e interpretações da história contemporânea, e por isso, também na história a contabilidade se apresenta como um garante da transparência, imprimindo objetividade na análise.

Os autores estão de parabéns, pois apresentam um contributo para a investigação de extrema importância para a compreensão do desenvolvimento da contabilidade, sendo uma referência para estudantes, investigadores e profissionais. É, além disso, um exemplo do envolvimento dos alunos na sua aprendizagem, tornando útil o seu trabalho.

Trata-se de uma obra indispensável para qualquer pessoa interessada em contabilidade e na história das ciências contábeis e uma fonte valiosa de informação para todos.

Prof. Doutor Alexandre Gomes da Silva
Presidente do ISCAC | Coimbra Business School

REFERÊNCIAS

1. Fontes primárias referenciadas neste trabalho — legislação (por ordem cronológica)

- *Decreto, de 13 de maio de 1912*, do Ministério do Fomento. Diário do Governo n.º 111/1912 — Organiza o Instituto Superior de Comércio [de Lisboa], criado em 23 de maio de 1911.
- *Decreto-Lei n.º 23 050, de 23 de setembro de 1933*, da Presidência do Conselho (Subsecretariado de Estado das Corporações e Previdência Social). Diário do Governo n.º 217/1933, Série I — Constitui os Sindicatos Nacionais.
- *Decreto n.º 37 029, de 25 de agosto de 1948*, do Ministério da Educação Nacional (Direção-Geral do Ensino Técnico Profissional). Diário do Governo n.º 198/1948, Série I — Promulga o Estatuto do Ensino Profissional Industrial e Comercial.
- *Decreto-Lei n.º 45 103, de 1 de julho de 1963*, do Ministério das Finanças (Direção-Geral das Contribuições e Impostos). Diário do Governo n.º 153/1963, Série I — Aprova o Código da Contribuição Industrial.
- *Decreto-Lei n.º 49 381, de 15 de novembro de 1969*, do Ministério da Justiça. Diário do Governo n.º 268/1969, Série I — Promulga o Regime Jurídico de Fiscalização das Sociedades Anónimas.
- *Decreto-Lei n.º 1, de 3 de janeiro de 1972*, do Ministério da Justiça. Diário do Governo n.º 1/1972, Série I — Promulga a regulamentação das atividades dos Revisores Oficiais de Contas e das Sociedades de Revisores.
- *Portaria n.º 420, de 1 de agosto de 1972*, dos Ministérios da Justiça e das Finanças. Diário do Governo n.º 178/1972, Série I — Aprova o regulamento e o programa provisórios do exame de aptidão para Revisor Oficial de Contas.
- *Lei n.º 5, de 25 de julho de 1973*, da Presidência da República. Diário do Governo n.º 173/1973, Série I — Aprova as bases a que deve obedecer a reforma do sistema educativo.
- *Portaria n.º 83, de 6 de fevereiro de 1974*, dos Ministérios da Justiça e das Finanças. Diário do Governo n.º 31/1974, Série I — Declara constituída a Câmara dos Revisores Oficiais de Contas (CROC).

- *Decreto de aprovação da Constituição, de 10 de abril de 1976*, da Presidência da República. Diário da República n.º 86/1976, Série I — Aprova a Constituição da República Portuguesa.
- *Decreto-Lei n.º 327, de 6 de maio de 1976*, do Ministério da Educação e Investigação Científica (Secretaria de Estado do Ensino Superior e Investigação Científica). Diário da República n.º 106/1976, Série I — Converte os Institutos Comerciais em escolas superiores, que passam a denominar-se Institutos Superiores de Contabilidade e Administração (ISCA).
- *Decreto-Lei n.º 47, de 7 de fevereiro de 1977*, dos Ministérios do Plano e Coordenação Económica e das Finanças. Diário da República n.º 31/1977, 2.º Suplemento, Série I — Aprova o Plano Oficial de Contabilidade para as Empresas (POC/77).
- *Decreto-Lei n.º 513–T, de 26 de dezembro de 1979*, do Ministério da Educação. Diário da República n.º 296/1979, 3.º Suplemento, Série I — Define a rede de estabelecimentos do ensino superior politécnico, que anteriormente se designava «ensino superior de curta duração».
- *Aviso, de 31 de março de 1983*, do Ministério das Finanças e do Plano (Secretaria de Estado do Orçamento). Diário da República n.º 75/1983, Série II — Estabelece a composição do Conselho Geral da Comissão de Normalização Contabilística (CNC).
- *Decreto-Lei n.º 474, de 11 de novembro de 1985*, do Ministério das Finanças e do Plano (Secretaria de Estado do Orçamento). Diário da República n.º 259/1985, Série I — Altera o Código da Contribuição Industrial.
- *Decreto-Lei n.º 262, de 2 de setembro de 1986*, do Ministério da Justiça. Diário da República n.º 201/1986, Série I — Aprova o Código das Sociedades Comerciais (CSC).
- *Lei n.º 46, de 14 de outubro de 1986*, da Assembleia da República. Diário da República n.º 237/1986, Série I — Estabelece a Lei de Bases do Sistema Educativo.
- *Acórdão n.º 282, de 11 de novembro de 1986*, do Tribunal Constitucional. Diário da República n.º 260/1986, Série I — Declara a inconstitucionalidade de certas normas do Código da Contribuição Industrial e do Código do Imposto de Transações.
- *Decreto-Lei n.º 410, de 21 de novembro de 1989*, do Ministério das Finanças. Diário da República n.º 268/1989 (Suplemento), Série I — Aprova o Plano Oficial de Contabilidade (POC/89) e revoga o Plano Oficial de Contabilidade de 1977 (POC/77).
- *Decreto-Lei n.º 238, de 2 de julho de 1991*, dos Ministérios das Finanças e da Justiça. Diário da República n.º 149/1991, Série I-A — Estabelece normas relativas à consolidação de contas de sociedades, alterando o Plano Oficial de Contabilidade e aditando-o com dois capítulos.
- *Decreto-Lei n.º 265, de 17 de outubro de 1995*, do Ministério das Finanças. Diário da República n.º 240/1995, Série I-A — Aprova o Estatuto dos Técnicos Oficiais de Contas e cria a Associação dos Técnicos Oficiais de Contas (ATOC).
- *Decreto-Lei n.º 452, de 5 de novembro de 1999*, do Ministério das Finanças. Diário da República n.º 258/1999, Série I-A — Cria a Câmara dos Técnicos Oficiais de Contas (CTOC) em substituição da Associação dos Técnicos Oficiais de Contas (ATOC).
- *Decreto-Lei n.º 76-A, de 29 de março de 2006*, dos Ministérios das Finanças e da Administração Pública e da Justiça. Diário da República n.º 63/2006, 1.º Suplemento, Série I-A — Atualiza e flexibiliza os modelos de governo das sociedades anónimas, adota

medidas de simplificação e eliminação de atos e procedimentos notariais e registrais e aprova o novo regime jurídico da dissolução e da liquidação de entidades comerciais.

- Decreto-Lei n.º 158, de 13 de julho de 2009, do Ministério das Finanças e da Administração Pública. Diário da República n.º 133/2009, Série I — Aprova o Sistema de Normalização Contabilística (SNC) e revoga o Plano Oficial de Contabilidade de 1989 (POC/89).
- Decreto-Lei n.º 310, de 26 de outubro de 2009, do Ministério das Finanças. Diário da República n.º 207/2009, Série I — Procede à alteração do Estatuto da Câmara dos Técnicos Oficiais de Contas, aprovado pelo Decreto-Lei n.º 452/99, de 5 de novembro, alterando a denominação desta associação pública de profissionais para Ordem dos Técnicos Oficiais de Contas (OTOC).

2. Fontes secundárias referenciadas neste trabalho

Aguiar, Á., e Martins, M. (2012). «A indústria». *In* Lains, P., e Silva, Á. F. (Orgs.). *História Económica de Portugal, 1700–2000* (vol. III - O Século XX) (4.ª ed.) (pp. 185–226). Lisboa: Imprensa de Ciências Sociais (ICS).

Almeida, J. J. M., e Marques, M. C. C. (2001).«A influência da *Teoria Positiva da Contabilidade* de Dumarchey na estruturação do pensamento contabilístico português». *Revista de Contabilidade e Comércio* 229, pp. 189–211.

Alves, L. A. (1979). *Técnicos de Contas - Primeiro Exame de Aptidão*. Lisboa: Associação Portuguesa de Contabilistas.

Alves, L. A. M., Sousa, P. R., Morais, T. T., e Araújo, F. M. V. (2009). *Ensino Técnico (1756–1973)*. Lisboa: Secretaria-Geral do Ministério da Educação.

Amorim, J. L. (1929). *Lições de Contabilidade Geral - Prelecções Feitas ao Curso de Contabilidade Geral Durante o Ano Lectivo 1928/1929*. Porto: Empresa Industrial Gráfica do Porto.

Andrade, J. S. (2017).«As reformas monetárias e o Euro». *Notas Económicas* 45, pp. 83-95.

Antunes, F. X. (1939).«O Instituto Comercial de Lisboa». *Revista de Contabilidade e Comércio* 27, pp. 318–322.

Associação Portuguesa de Contabilistas (2010).«A APPC e a composição da Comissão de Normalização Contabilística». *Revista de Contabilidade & Finanças* 102, pp. 21–22.

Associação Portuguesa de Técnicos de Contabilidade (2021).«Faleceu o Presidente da Direcção Central, Manuel Patuleia». *Jornal de Contabilidade* 481, p. 139.

Azevedo, M. E. (2011).«As reformas fiscais portuguesas do século XX: um enfoque analítico». *Lusíada - Revista de Direito* 8/9, pp. 161–236.

Barata, A. S. (1980).«Porquê uma licenciatura em Contabilidade e Administração? Porquê no ISCAL e ISCAP (para já)?» *Boletim da Sociedade Portuguesa de Contabilidade* 53, pp. 14–18.

Barata, J. A. R. (2019).«Um homem, três objetivos: estudo, ensino e investigação contabilística. Raul Dória marcou Portugal no início do século XX» [Parte I]. *Boletim do Centro de Estudos de História da Contabilidade* 71, pp. 1–12.

Barata, J. A. R. (2020).«Um homem, três objetivos: estudo, ensino e investigação contabilística. Raul Dória marcou Portugal no início do século XX» [Parte II]. *Boletim do Centro de Estudos de História da Contabilidade* 72, pp. 1–16.

Barbedo, A. P. (2014). *As Tendências do Ensino e da Investigação Académica na História da Contabilidade em Portugal.* Dissertação de Mestrado em Contabilidade e Finanças. Porto: Instituto Politécnico do Porto – Instituto Superior de Contabilidade e Administração (ISCAP).

Barreiros, M., Teixeira, C., e Ferreira, H. Q. (1988). *Código da Contribuição Industrial – Anotado e Comentado* (3.ª ed.). Lisboa: Rei dos Livros.

Barreto, A. (2020).«Democratização e mudança social (1960–2000)». *In* Pinto, A. C., e Monteiro, N. G. (Orgs.). *História Social Contemporânea – Portugal, 1808–2000* (pp. 217–257). Lisboa: Objectiva e *Fundación* MAPFRE.

Barreto, J. (2000).«Sindicatos Nacionais». *In* Barreto, A., e Mónica, M. F. (Eds.). *Dicionário de História de Portugal* (Suplemento – vol. IX) (pp. 436–445). Porto: Figueirinhas.

Basto, E. L. (2022).«A contabilidade em Portugal: dos primórdios aos recentes desenvolvimentos». *Revista AECA* 139, pp. 22–25.

Benavente-Rodrigues, M. (2000).«Carta de Lei de 22 de dezembro de 1761 sobre a extinção dos Contos e a criação do Real Erário». *Revista de Contabilidade e Comércio* 226, pp. 361–414.

Benavente-Rodrigues, M. (2007). *APOTEC – 25 anos de uma História da Contabilidade.* Porto: Vida Económica/APOTEC.

Benavente-Rodrigues, M. (2011).«Os homens do Erário Régio». *Pecvnia: Revista de la Facultad de Ciencias Económicas y Empresariales de la Universidade de León* 13, pp. 59–81.

Benavente-Rodrigues, M. (2014).«Breve reflexão sobre história da contabilidade, história e século XVIII português». *Boletim do Centro de Estudos de História da Contabilidade* 61, pp. 1–2.

Benavente-Rodrigues, M. (2017). *O Erário Régio e as Contas do Reino no Ano de 1765 – o Poder e a Contabilidade.* Lisboa: APOTEC.

Benavente-Rodrigues, M. (2022). *O Erário Régio – as Contas e o Poder (1762–1833).* Lisboa: Edições MGI.

Bento, J., e Machado, J. F. (2005). *Plano Oficial de Contabilidade Explicado* (27.ª ed.). Porto: Porto Editora.

Bisman, J. (2009).«Making accounting historians». *The Accounting Historians Journal* 36(1), pp. 135–162.

Bloch, M. (1993). *Introdução à História* (6.ª ed.). Trad. Maria Manuel e Rui Grácio. Lisboa: Publicações Europa-América.

Bloch, M. (2002). *Apologia da História ou o Ofício de Historiador.* Trad. André Telles. Rio de Janeiro: Jorge Zahar Editor. [*Apologie de l'Histoire ou Métier d'Historien* é uma publicação póstuma do historiador Marc Bloch (cofundador da revista *Annales*, em 1929), publicada em 1949 por Lucien Febvre.]

Bonavie, J. B. (1758). *Mercador Exato nos seus Livros de Contas.* Lisboa: Oficina de Miguel Manescal da Costa.

Bonifácio, M. F. (1999). *Apologia da História Política – Estudos sobre o Século XIX Português.* Lisboa: Quetzal Editores.

Brito, A. T. (1964).«Aspectos gerais dos Planos de Contabilidade». *Revista de Contabilidade e Comércio* 123, pp. 267–283.

Burchell, S., Clubb, C., Hopwood, A., Hughes, J., e Nahapiet, J. (1980).«The roles of accounting in organizations and society». *Accounting, Organizations and Society* 5(1), pp. 5–28.

Caiado, A. C. P. (2006).«A vida e a obra de Cabral de Mendonça». *Revista de Contabilidade e Comércio* 237, pp. 55–70.

Cardoso, J. L. (2021).«Olhando para dentro, 1930–1960». *In* Pinto, A. C., e Monteiro, N. G. (Orgs.). *História Económica Contemporânea – Portugal, 1808–2000* (pp. 187–231). Lisboa: Objectiva e *Fundación* MAPFRE.

Caria, A. A., e Rodrigues, L. L. (2014).«The evolution of financial accounting in Portugal since the 1960s: a new institutional economics perspective». *Accounting History* 19(1–2), pp. 227–254.

Carmona, S., Ezzamel, M., e Gutiérrez-Hidalgo, F. (2004).«Accounting history research: traditional and new accounting history perspectives». *De Computis: Revista Española de Historia de la Contabilidad* 1, pp. 24–53.

Carnegie, G. D., e Napier, C. J. (1996).«Critical and interpretive histories: insights into accounting's present and future through its past». *Accounting, Auditing & Accountability Journal* 9(3), pp. 7–39.

Carnegie, G. D., e Napier, C. J. (2002).«Exploring comparative international accounting history». *Accounting, Auditing & Accountability Journal* 15(5), pp. 689–718.

Carnegie, G. D., Parker, L., e Tsahuridu, E. (2021).«It's 2020: what is accounting today?». *Australian Accounting Review* 96(31), pp. 65–73.

Carqueja, H. O. (1997).«20 anos com POC (antes do Plano Oficial de Contabilidade)». *Jornal de Contabilidade* 249, pp. 325–332.

Carqueja, H. O. (2001). *Manual do TOC – Técnicos Oficiais de Contas*. Porto: Câmara dos Técnicos Oficiais de Contas (CTOC).

Carqueja, H. O. (2002).«As associações e as revistas de contabilidade». *Jornal do Técnico de Contas e da Empresa* 445, pp. 296–300.

Carqueja, H. O. (2003).«Contabilidade, capitalismo e democracia». *Revista dos Técnicos Oficiais de Contas* 38, pp. 48–53.

Carqueja, H. O. (2007).«Teoria da contabilidade: uma interpretação». *Tékhne – Revista de Estudos Politécnicos* 4(7), pp. 7–40.

Carqueja, H. O. (2011).«Apontamento sobre a contabilidade em Portugal entre 1900 e 1950». *De Computis: Revista Española de Historia de la Contabilidad* 14, pp. 3–49.

Carvalho, C. (1929).«Luca Paciolo [*sic*]». *A Voz do Comércio* 2, 15 jan. 1929, pp. 17–18.

Carvalho, J. B. C. (2017).«A investigação, o ensino e a profissão de contabilista: o caso da contabilidade pública». Comunicação apresentada no *XVI Congresso Internacional de Contabilidade e Auditoria* (Aveiro, 12–13 out.), pp. 1–21.

Carvalho, R. (2008). *História do Ensino em Portugal – Desde a Fundação da Nacionalidade até ao Fim do Regime de Salazar-Caetano* (4.ª ed.). Lisboa: Fundação Calouste Gulbenkian.

Censo da População no Reino de Portugal no 1.º de dezembro de 1900 (1905) (vol. I). Lisboa, Imprensa Nacional.

Cochicho, J. (2011).«A contabilidade e a imoralidade no Estado Novo (anos 30 e 40)». *Pecvnia: Revista de la Facultad de Ciencias Económicas y Empresariales de la Universidade de León* 13, pp. 83–96.

Coelho, P. (2015).«Uma abordagem sociológica à evolução da profissão contabilística em Portugal». Comunicação apresentada no *VIII Encontro de História da Contabilidade da Ordem dos Contabilistas Certificados* (Lisboa, 11 dez.), pp. 1–25.

Coelho, P. (2016). *A Criação da Associação dos Técnicos Oficiais de Contas (ATOC) e a Oficialização da Profissão em Portugal.* Tese de Doutoramento em Contabilidade. Braga: Universidade do Minho; Escola de Economia e Gestão.

Comissão Organizadora do Sindicato Nacional dos Contabilistas (1971). *Subsídio para a Reforma do Ensino da Contabilidade – Bacharelato e Licenciatura.* Separata anexa à *Revista de Contabilidade e Comércio* 151 (ano: 1971), pp. 1–64.

Costa, C. B. (1978). *Introdução à Auditoria Contabilística.* Coimbra: Atlântida Editora.

Costa, C. B. (1980).«O ensino da contabilidade em Portugal: a necessidade de uma licenciatura em contabilidade». *Revista de Contabilidade e Comércio* 176, pp. 389–404.

Costa, C. B. (2005).«Cortar pela raiz». *Revista de Contabilidade & Finanças* 82, p. 3.

Costa, C. B. (2006).«Uma data e um nome que não podem ser esquecidos». *Revista de Contabilidade & Finanças* 85, p. 3.

Costa, C. B. (2011).«O ensino da contabilidade foi deixando, progressivamente, de se debruçar apenas sobre os aspectos da escrituração (...)». Entrevista feita por Joaquim da Cunha Guimarães ao professor Carlos Alberto Baptista da Costa. *Contabilidade & Empresas* 8, pp. 6–11.

Costa, C. B. (2016). *Reflexões Contabilísticas.* Lisboa: Rei dos Livros.

Costa, C. B. (2017). *Auditoria Financeira – Teoria & Prática* (11.ª ed.). Lisboa: Rei dos Livros.

Costa, C. B. (2019).«Relembrando uma data: nos 50 anos do Decreto-Lei n.º 49 381/1969». *Revista de Contabilidade & Finanças* 138/139, pp. 31–32.

Costa, C. B. (2020).«*In Memoriam*: José Rita Braz Machado (1926–2020)». *Revista de Contabilidade & Finanças* 142/143, pp. 36–37.

Costa, C. B. (2022).«Revisor Oficial de Contas: uma profissão com meio século». *Revista de Contabilidade & Finanças* 146/147, pp. 4–10.

Costa, C. B., e Alves, G. C. (2021). *Contabilidade Financeira* (10.ª ed.). Lisboa: Rei dos Livros.

Costa, L. (1925). *A Evolução do Ensino Profissional (Séculos XVIII a XX).* Porto: Imprensa Nacional.

Costa, L. F., Lains, P., e Miranda, S. M. (2011). *História Económica de Portugal (1143–2010).* Lisboa: A Esfera dos Livros.

Cravo, D. (1981).«O Plano Oficial de Contabilidade e a sua adequação à 4.ª Diretiva da CEE». *Revista Estudos do I.S.C.A.A.* 1, pp. 35–52.

Donoso Anes, R. (2005).«Estado actual de la investigación en historia de la contabilidade». *Revista de Contabilidad* 8(15), pp. 19–44.

Dória, A. Á. (1967a).«O professor Raul Dória e a sua escola» [Parte I]. *Revista de Contabilidade e Comércio* 134, pp. 194–208.

Dória, A. Á. (1967b).«O professor Raul Dória e a sua escola» [Parte II]. *Revista de Contabilidade e Comércio* 135, pp. 236–264.

Dória, R., e Dória, A. Á. (1975). *Dicionário Prático de Comércio e Contabilidade* (3.ª ed., rev. e aum.) (vol. I). Braga: Livraria Cruz.

Duarte, C., Gonçalves, M., e Góis, C. (2021a).«Anatomia da história da contabilidade: questões epistemológicas, distinção entre história tradicional da contabilidade e nova história da contabilidade e referência às suas diferentes áreas de estudo». *Revista Contabilidade em Texto* 21(49), pp. 2–16.

Duarte, C., Gonçalves, M., e Góis, C. (2021b). «'Crescei e multiplicai-vos': as sete Aulas do Comércio portuguesas (1759–1821), com particular referência para as fundadas no Brasil». *Revista Contabilidade em Texto* 21(47), pp. 22–32.

Dumarchey, J. (1943). *Teoria Positiva da Contabilidade*. Trad. Guilherme Rosa. Porto: Revista de Contabilidade e Comércio.

Estevens, M. (2001).«Os ISCA, 25 anos depois: cronologia de um percurso». *Revista de Contabilidade e Finanças* 21, pp. 7–10.

Faria, A. R. (2006).«Relevância, conteúdo e metodologia da investigação histórica em contabilidade». *Revista de Contabilidade e Comércio* 237, pp. 185–223.

Faria, A. R. (2008).«An analysis of accounting history research in Portugal: 1990–2004». *Accounting History* 13(3), pp. 353–382.

Faria, A. R. (2011).«A organização contabilística no sector conserveiro entre o final do século XIX e a primeira metade do século XX: o caso Júdice Fialho». *Pecvnia: Revista de la Facultad de Ciencias Económicas y Empresariales de la Universidade de León* 13, pp. 135–160.

Fernandes, P. J. (2019).«A crise do Liberalismo (1890–1930)». *In* Pinto, A. C., e Monteiro, N. G. (Orgs.). *História Política Contemporânea – Portugal, 1808–2000* (pp. 139–210). Lisboa: Objectiva e *Fundación* MAPFRE.

Fernandes, O. G. (1997).«A Comissão de Normalização Contabilística». *Jornal de Contabilidade* 250, pp. 5–10.

Ferraz, C. (2021).«Obituário de Manuel Patuleia». *De Computis: Revista Española de Historia de la Contabilidad* 18(2), pp. 201–207.

Ferreira, H. Q., Ribeiro, J. C., Garcia, C. A., Amaro, H. C., e Coutinho, A. C. (1976). *Contribuição para um Plano Nacional de Contabilidade – com Comentários de Natureza Fiscal* (2.ª ed., rev. e actualiz.). Lisboa: Rei dos Livros.

Ferreira, L. (2013). *A Estabilidade Financeira e a Evolução Económica em Portugal – Estudo dos Efeitos da Supervisão Bancária (dos Primórdios até 1975)*. Tese de Doutoramento em Economia. Lisboa: Universidade Autónoma; Departamento de Ciências Económicas, Empresariais e Tecnológicas.

Ferreira, L. F., García Lara, J. M., e Gonçalves, T. (2007),«Accounting conservatism in Portugal: similaries and differences facing Germany and the United Kingdom». *Revista de Administração Contemporânea* 11 (n.º esp. 2), pp. 163–188.

Ferreira, L. F., e Regojo, P. (1996).«A regulamentação contabilística em Portugal» [Parte I]. *Jornal de Contabilidade* 230, pp. 119–128.

Ferreira, L. F., e Regojo, P. (1999).«Portugal» [Accounting regulation in Portugal]. *In* McLeay, S. (Ed.). *Accounting Regulation in Europe* (pp. 270–299). London: Palgrave Macmillan.

Ferreira, R. F. (1965). *A Tributação do Lucro Real*. Lisboa: Edições Ática.

Ferreira, R. F. (1970). *Iniciação à Técnica Contabilística*. Lisboa: Edições Ática.

Ferreira, R. F. (1976). *Gestão Financeira – Análise Económica, Financeira e Jurídica de Temas e de Documentos da Gestão* (4.ª ed.) (vol. I – Parte Geral). Lisboa: Editorial Minerva.

Ferreira, R. F. (1983). *Lições de Fiscalidade – Estudos dos Principais Impostos Portugueses* (vol. II). Lisboa: Universidade Católica Portuguesa.

Ferreira, R. F. (1984). *Normalização Contabilística*. Coimbra: Livraria Arnado.

Ferreira, R. F. (1992). *O Plano Oficial de Contabilidade – Ensaios e Estudos Críticos*. Lisboa: Escher Fim de Século Edições.

Ferreira, R. F. (1997). *Gestão, Contabilidade e Fiscalidade*. Lisboa: Editorial Notícias.

Ferreira, R. F. (2010). *Últimos Estudos*. Lisboa: Ordem dos Técnicos Oficiais de Contas (OTOC).

Fortes, C., Gonçalves, M., e Góis, C. (2022).«Um convite para a história da profissão contabilística em Portugal: glossário de ética, deontologia e personalidades históricas». *Revista ConTexto – Contabilidade em Texto* 22(51), pp. 46–60.

Foster, B. F. (1852). *The Origin and Progress of Bookkeeping – Comprising an Account of all the Works on this Subject, Published in the English Language, from 1543 to 1852, with Remarks, Critical and Historical.* London: John Souter.

Franco, P. (2022).«Breve nota sobre a evolução da profissão de contabilista certificado e o seu papel no sistema fiscal». *In* Palma, C. C. (Coord.). *Nós e os Impostos – Um Contributo para a História dos Impostos em Portugal* (pp. 395–400). Coimbra: Almedina.

Freire, D., e Ferreira, N. E. (2018).«A construção do sistema corporativo em Portugal (1933-1974). *Tempo* 25(1), pp. 257–276.

Garrido, Á. (2020).«Um retrato da sociedade portuguesa no Salazarismo (1930–1960)». *In* Pinto, A. C., e Monteiro, N. G. (Orgs.). *História Social Contemporânea – Portugal, 1808–2000* (pp. 175–214). Lisboa: Objectiva e *Fundación* MAPFRE.

Grácio, S. (1998).«Ensino técnico e indústria. Uma perspectiva de sociologia histórica». *In* Proença, M. C. (Org.). *O Sistema de Ensino em Portugal – Séculos XIX e XX* (pp. 71–85). Lisboa: Edições Colibri.

Gomes, D. (2008).«The interplay of conceptions of accounting and schools of thought in accounting history». *Accounting History* 13(4), pp. 479–509.

Gomes, D., Carnegie, G. D., Napier, C. J., Parker, L. D., e West, B. (2011).«Does accounting history matter?». *Accounting History* 16(4), pp. 389–402.

Gomes, D., Giovannoni, E, Gutiérrez Hidalgo, F., e Zimnovitch, H. (2015).«Moving from regional to international publishing in accounting history: pressures, issues, strategies and implications». *Accounting History* 20(2), pp. 183–205.

Gomes, D., e Rodrigues, L. L. (2017).«Investigação em história da contabilidade». *In* Major, M. J., e Vieira, R. (Eds.). *Contabilidade e Controlo de Gestão – Teoria, Metodologia e Prática* (2.ª ed.) (pp. 215–243). Lisboa: Escolar Editora.

Gomes, J. F. (1990).«A reforma universitária de 1911». *Revista de História das Ideias* 12, pp. 269–299.

Gonçalves, C., Gonçalves, G., e Sequeira, L. (2014). *A Profissão de Técnico Oficial de Contas – Enquadramento Normativo.* Porto: Vida Económica.

Gonçalves, C. M. (1998). *Emergência e Consolidação dos Economistas em Portugal.* Tese de Doutoramento em Sociologia. Porto: Universidade do Porto; Faculdade de Letras.

Gonçalves, C. M. (2001).«Construção da profissionalidade dos economistas: o conflito pelo controlo da função de contabilista». *Cadernos do Noroeste* 16(1–2), pp. 251–277.

Gonçalves, C. M. (2006). *Emergência e Consolidação dos Economistas em Portugal.* Porto: Edições Afrontamento.

Gonçalves, M. (2010).«Entrada da contabilidade no ensino superior em Portugal». *Revista da Ordem dos Técnicos Oficiais de Contas* 120, pp. 38–40.

Gonçalves, M. (2011).«Para a história do ensino contabilístico de Lisboa e do Porto no Portugal de Oitocentos». *Revista de Ciências Empresariais e Jurídicas* 18, pp. 125–135.

Gonçalves, M. (2013).«Emergência e desenvolvimento da contabilidade por partidas dobradas. Traços gerais de um homem de negócios da praça de Lisboa: José Francisco da Cruz, tesoureiro-geral do Erário Régio português, 1761». *Revista Portuguesa de Contabilidade* 3(12), pp. 669–696.

Gonçalves, M. (2016).«Relação dos primeiros contabilistas formados em Portugal por via institucional (1759–1763: Aula do Comércio de Lisboa)». *De Computis: Revista Española de Historia de la Contabilidad* 13(25), pp. 91–111.

Gonçalves, M. (2017). *Pequena História de uma Escola de Contabilidade: a Aula do Comércio. Contributo para a História da Profissão de Contabilista e da Difusão das Partidas Dobradas em Portugal.* Lisboa: Associação Portuguesa de Técnicos de Contabilidade (APOTEC).

Gonçalves, M. (2019).«Contabilidade por partidas dobradas: história, importância e pedagogia (com especial referência à sua institucionalização em Portugal, 1755–1777)». *De Computis: Revista Española de Historia de la Contabilidad* 16(2), pp. 69–142.

Gonçalves, M. (2020).«Sebenta da unidade curricular de Ética e Deontologia ministrada às licenciaturas de Contabilidade e Auditoria, Gestão de Empresas e Contabilidade e Gestão Pública no 1.º semestre do ano letivo de 2020/2021 (3.º ano)». Disponível na biblioteca do Instituto Superior de Contabilidade e Administração de Coimbra (ISCAC), pp. 1–419.

Gonçalves, M. (2021).«Perguntas antigas, dados novos: o essencial sobre João Baptista Bonavie (1705–1780)». Comunicação apresentada no *XVIII Congresso Internacional de Contabilidade e Auditoria* (CICA) (Lisboa, 14–15 out.), pp. 1–18.

Gonçalves, M., Lira, M., e Marques, M. C. (2017).«Síntese cronológica sobre a contabilidade pública em Portugal, seu passado, presente e futuro (1222–2016): revisão da literatura». *Revista Evidenciação Contábil & Finanças* 5(2), pp. 121–143.

Gonçalves, M., e Marques, M. C. (2012).«O Porto e a instrução contabilística: apreciação crítica da disciplina de contabilidade e do Curso de Comércio da Academia Politécnica do Porto, 1837». *Revista Universo Contábil* 8(3), pp. 149–167.

Gonçalves, N. I. (2022). *A Intendência-Geral do Orçamento – História de um Organismo que Nunca Existiu (1929–1996)*. Lisboa: Edições *Ex Libris*.

Grilo, E. M. (2022). *Salazar e a Educação no Estado Novo*. Lisboa: Editora Clube do Autor.

Guerreiro, M., e Rodrigues, L. L. (2017).«O sistema contabilístico português: origens e desenvolvimentos». *In* Major, M. J., e Vieira, R. (Eds.). *Contabilidade e Controlo de Gestão – Teoria, Metodologia e Prática* (2.ª ed.) (pp. 247–279). Lisboa: Escolar Editora.

Guimarães, J. C. (2004).«Sociedade Portuguesa de Contabilidade: breve história». *Boletim do Centro de Estudos de História da Contabilidade* 26, pp. 5–6.

Guimarães, J. C. (2005). *História da Contabilidade em Portugal – Reflexões e Homenagens*. Lisboa: Áreas Editora.

Guimarães, J. C. (2006).«História da Câmara dos Técnicos Oficiais de Contas, 10.º Aniversário (1995–2005)». *Revista Electrónica INFOCONTAB* 14, pp. 1–85.

Guimarães, J. C. (2008).«História da *Revista TOC*». *Revista dos Técnicos Oficiais de Contas* 100, pp. 30–41.

Guimarães, J. C. (2009). *A Profissão, as Associações e as Revistas de Contabilidade em Portugal*. Porto: Vida Económica.

Guimarães, J. C. (2010).«História (breve) da regulamentação da profissão de contabilista». *Revista dos Técnicos Oficiais de Contas* 123, pp. 31–45.

Guimarães, J. C. (2011). *Estudos Sobre a Normalização Contabilística em Portugal*. Porto: Vida Económica.

Habermas, J. (1990). *Moral Consciousness and Communicative Action*. Cambridge, USA: Massachusetts Institute of Technology (MIT) Press.

Hernández Esteve, E. (1997).«Planteamientos recientes de la historia de la contabilidad». *Revista de Estudos Empresariales* 6, pp. 257–275.

Hernández Esteve, E. (2001).«Investigación histórico-contable: objetividad y uso de teorías sociológicas». *Partida Doble* 121, pp. 72–79.

Hernández Esteve, E. (2013). *Aproximación al Estudio del Pensamiento Contable Español – de la Baja Edad Media a la Consolidación como Asignatura Universitária*. Madrid: Asociación Española de Contabilidad y Administración de Empresas (AECA).

Hernández Esteve, E. (2016).«Dos décadas bien productivas». *Boletim do Centro de Estudos de História da Contabilidade* 65, pp. 2–5.

Hopwood, A. G. (1985).«The tale of a committee that never reported: disagreements on intertwining accounting with the social». *Accounting, Organizations and Society* 10(3), pp. 361–377.

Hopwood, A. G., e Miller, P. (1994) (Orgs.). *Accounting as Social and Institutional Practice*. Cambridge, UK: Cambridge University Press.

Instituto Superior de Contabilidade e Administração de Aveiro (1978). *Livro de Atas das Jornadas de Contabilidade* (Aveiro, 4–9 dez.) (pp. 1–729). Aveiro: ISCAA.

Jesus, J. R. (2018).«Plano Oficial de Contabilidade: o início». *Jornal de Contabilidade* 464, pp. 160–164.

Jones, E. (1995). *True and Fair – a History of Price Waterhouse*. London: Hamish Hamilton.

Kickert, W. (2011).«Distinctiveness of administrative reform in Greece, Italy, Portugal and Spain: common characteristics of context, administrations and reforms». *Public Administration* 89(3), pp. 801–818.

Lopes, F. C. (1984).«Subsídios para a história da Sociedade Portuguesa de Contabilidade». *Boletim da Sociedade Portuguesa de Contabilidade* 65, pp. 16–20.

Lopes, J. S. (2012).«Finanças Públicas». *In* Lains, P., e Silva, Á. F. (Orgs.). *História Económica de Portugal, 1700–2000* (vol. III – O Século XX) (4.ª ed.) (pp. 265–304). Lisboa: Imprensa de Ciências Sociais (ICS).

Machado, J. B. (1977). *Plano Oficial de Contabilidade*. Coimbra: Atlântida Editora.

Machado, J. B. (2000). *Contabilidade Financeira – da Perspectiva da Determinação dos Resultados* (2.ª ed.). Lisboa: Protocontas.

Magalhães, M. (2010).«Ensino comercial na I República à luz dos debates parlamentares». *História: Revista da Faculdade de Letras da Universidade do Porto* 11, pp. 201–217.

Maltez, J. A. (2005). *Tradição e Revolução – uma Biografia do Portugal Político do Século XIX ao Século XXI* (vol. II – 1910–2005). Lisboa: Tribuna da História.

Marques, O. (1980). *A Primeira República Portuguesa – Alguns Aspectos Estruturais* (3.ª ed.). Lisboa: Livros Horizonte.

Marques, M. C. C. (2022).«A evolução do pensamento contabilístico nos séculos XV a XIX». *Boletim do Centro de Estudos de História da Contabilidade* 75, pp. 1–10.

Mattessich, R. (2004).«Contabilidade: cisma ou síntese? Um desafio à Teoria Condicional Normativa». [Tradução de Hernâni Olímpio Carqueja do original publicado em 2002 na revista *Canadian Accounting Perspectives*]. *Revista de Contabilidade e Comércio* 236, pp. 491–536.

Mendes, J. A. (2021). *Coimbra Business School, ISCAC – 100 Anos de Ciências Empresariais, 1921–2021*. Coimbra: ISCAC.

Meneses, F. R. (2010). *Salazar – uma Biografia Política* (4.ª ed.). Trad. Teresa Casal. Alfragide: Dom Quixote.

Miranda, A., Almeida, D., e Gonçalves, M. (2017).«Exames de avaliação profissional de admissão à Ordem dos Contabilistas Certificados: matérias estatutárias e deontológicas (2013–2016)». *Revista Portuguesa de Contabilidade* 26, pp. 285–308.

Mónica, M. F. (1999). *Fontes Pereira de Melo* (2.ª ed.). Porto: Edições Afrontamento.

Monteiro, M. N. (1964). *A Contabilidade em Face da Lei Fiscal – Organização da Contabilidade em Face do Código da Contribuição Industrial* (2.ª ed.) (vol. II). Lisboa: Portugália Editora.

Monteiro, M. N. (1969). *Peritagem e Revisão de Contas* (2.ª ed.). Lisboa: Portugália Editora.

Monteiro, M. N. (1970).«A propósito de normalização contabilística». *Revista de Contabilidade e Comércio* 147, pp. 317–339.

Monteiro, M. N. (1978). *Plano Oficial de Contabilidade – Comentado e Anotado* (2.ª ed. rev. e aum.). Porto: Livraria Avis.

Napier, C. J. (2006).«Accounts of change: 30 years of historical accounting research». *Accounting, Organizations and Society* 31(4/5), pp. 445–507.

Neves, A. S. (2018). *Contabilidade Ambiental e as Licenças de Emissão de Dióxido de Carbono (CO2): um Estudo de Caso para a Empresa Celbi, S.A.*. Relatório de Estágio do Mestrado em Contabilidade e Finanças. Coimbra: Universidade de Coimbra; Faculdade de Economia.

Pais, J., Lima, A., Baptista, J., Jesus, M., e Gameiro, M. (1978).«Elementos para a história do fascismo nos campos: a«Campanha do Trigo», 1928–1938». *Análise Social* 54, pp. 321–389.

Parker, L. D. (1999).«Historiography for the new millennium: adventures in accounting and management». *Accounting History* 4(2), pp. 11–42.

Patriarca, F. (1991).«A institucionalização corporativa: das associações de classe aos sindicatos nacionais (1933)». *Análise Social* 26(110), pp. 23–58.

Pereira, J. F. L., e Mota, A. M. C. (1991). *Teoria e Técnica dos Impostos* (15.ª ed.). Lisboa: Rei dos Livros.

Pinho, J. R. (1971).«Considerações acerca do desejado Plano Português de Contabilidade». *Revista de Contabilidade e Comércio* 151, pp. 284–286.

Pinto, A. C. (2001).«O império do professor: Salazar e a elite ministerial do Estado Novo (1933–1945)». *Análise Social* 35(157), pp. 1055–1076.

Pinto, A. C., e Monteiro, N. G. (2019) (Orgs.). *História Política Contemporânea – Portugal, 1808–2000*. Lisboa: Objectiva e *Fundación* MAPFRE.

Portela, A. F. (1968).«A evolução histórica do ensino das Ciências Económicas em Portugal». *Análise Social* 22–23–24. pp. 787–836.

Portugal, M. (2011).«Do sonho à realidade (1963 a 1996)». Comunicação apresentada no *IV Encontro de História da Contabilidade da Ordem dos Técnicos Oficiais de Contas* (Lisboa, 4 nov.), pp. 1–56.

Portugal, M. (2013).«Técnico Oficial de Contas: meio século de existência». *Revista da Ordem dos Técnicos Oficiais de Contas* 158, pp. 42–44.

Portugal, M. (2017).«A luta dos TOC (1963 a 1996): do sonho à realidade». *Revista Contabilista* 212, pp. 18–24.

Previts, G. J., Parker, L. D, e Coffman, E. N. (1986). «Investigación de la historia de la contabilidad: una perspectiva desde mediados de 1980». *Contaduría – Universidad de Antioquia* 9, pp. 121–138.

Previts, G. J., Parker, L. D., e Coffman, E. N. (1990).«An accounting historiography: subject matter and methodology». *Abacus* 26(2), pp. 136–158.

Proença, M. C. (1998).«A República e a democratização do ensino». *In* Proença, M. C. (Org.). *O Sistema de Ensino em Portugal – Séculos XIX e XX* (pp. 47–70). Lisboa: Edições Colibri.

Proença, M. C. (2012). *D. Manuel II* (7.ª ed.). Lisboa: Círculo de Leitores.

Ramos, L. O. (1979). *Da Ilustração ao Liberalismo – Temas Históricos*. Porto: Editores Lello & Irmão.

Ramos, R. (2010).«A República durante e depois da guerra (1917–1926)». *In* Ramos, R., Sousa, B. V., e Monteiro, N. G. (Eds.). *História de Portugal* (4.ª ed.) (pp. 605–625). Lisboa: A Esfera dos Livros.

Ramos, R. (2013). *D. Carlos* (8.ª ed.). Lisboa: Círculo de Leitores.

Relatório e Contas da Ordem dos Contabilistas Certificados (2021). Lisboa: Ordem dos Contabilistas Certificados (OCC).

Richardson, A. J. (2008).«Strategies in the development of accounting history as an academic discipline». *Accounting History* 13(3), pp. 247–280.

Rodrigues, L. L. (2016).«Tributo a António Domingues de Azevedo: fundador e primeiro bastonário da Ordem dos Contabilistas Certificados». *Contabilidade & Gestão* 19, pp. 5–7.

Rodrigues, L. L., e Gomes, D. (2002).«Evolução da profissão dos Técnicos de Contas em Portugal: do Marquês de Pombal até aos nossos dias». *Jornal de Contabilidade* 302, pp. 131–141.

Rodrigues, L. L., Gomes, D., e Craig, R. (2003).«Corporatism, Liberalism and the accounting profession in Portugal since 1755». *The Accounting Historians Journal* 30(1), pp. 95–128.

Rodrigues, L. L., Gomes, D., e Craig, R. (2004).«Corporativismo, Liberalismo e a profissão contabilística em Portugal desde 1755». *Revista da Câmara dos Técnicos Oficiais de Contas* 46, pp. 24–39.

Rodrigues, V. (1938).«Apontamentos para a história do ensino médio comercial». *Revista de Contabilidade e Comércio* 21, pp. 98–111.

Rosas, F. (2018). *A Primeira República, 1910–1926 – Como Venceu e Porque se Perdeu*. Lisboa: Bertrand Editora.

Sá, A. L. (2010).«Procedimentos contábeis no século XIX: o livro de contas de Manoel de Sousa Guedes de Itabira». *De Computis: Revista Española de Historia de la Contabilidad* 7(12), pp. 3–17.

Sangster, A. (2010).«Using accounting history and Luca Pacioli to put relevance back into the teaching of double entry». *Accounting, Business & Financial History* 20(1), pp. 23–39.

Santos, R., Santos, S., e Saraiva, H. B. (2019).«As associações na área da contabilidade, durante o século XX, em Portugal». Comunicação apresentada no *XVII Congresso Internacional de Contabilidade e Auditoria* (CICA) (Porto, 7–8 nov.), pp. 1–20.

Saraiva, H. B., e Alves, M.-C. (2018).«Resenha sobre a contabilidade de seguros em Portugal durante o século XX». Comunicação apresentada no *XVIII Encuentro Internacional da AECA* (Lisboa, 20–21 set.), pp. 1–17.

Saraiva, H. B., Alves, M.-C., e Gabriel, V. (2015).«As raízes do processo formal de harmonização contabilística, a sua evolução e influência em Portugal». *De Computis: Revista Española de Historia de la Contabilidad* 12(22), pp. 172–204.

Saraiva, H. B., Alves, M.-C., e Gabriel, V. (2020).«The pioneering accounting standardisation and harmonisation process in Portugal: accounting in the insurance sector between 1907 and 1999». *De Computis: Revista Española de Historia de la Contabilidad* 17(1), pp. 98–118.

Saraiva, H. B., e Gabriel, V. (2019).«A profissão contabilística em Portugal: século XX». Comunicação apresentada no *XX Congresso Internacional da AECA* (Málaga, Espanha, 25–27 set.), pp. 1–14.

Sardica, J. M. (2011). *O Século XX Português*. Trad. Isabel Veríssimo. Alfragide: Texto Editores.

Sardica. J. M. (2013). *Portugal Contemporâneo – Estudos de História*. Lisboa: Universidade Católica Editora.

Sardica. J. M. (2016). *Terminar a Revolução – a Política Portuguesa de Napoleão a Salazar*. Lisboa: Temas e Debates – Círculo de Leitores.

Schmidt, P., e Gass, J. M. (2018).«Estudo comparativo: uma análise entre a história da contabilidade tradicional e a nova história da contabilidade». *Revista Ciência e Trópico*, 42(2), pp. 71–98.

Silva, A. A. (1977).«A normalização contabilística internacional: algumas notas sobre as normas consagradas em Portugal e noutros países». *Boletim da Sociedade Portuguesa de Contabilidade* 43, pp. 4–8.

Silva, A. A. (2009).«Contributos para a história da normalização contabilística em Portugal». Comunicação apresentada no *II Encontro de História da Contabilidade da Câmara dos Técnicos Oficiais de Contas* (Lisboa e Santa Maria da Feira, 5 e 6 jun.), pp. 1–17.

Silva, A. A. (2013).«Evolução da contabilidade nos últimos 50 anos: mudanças e perspectivas de futuro». Comunicação apresentada no *VI Encontro de História da Contabilidade da Ordem dos Técnicos Oficiais de Contas* (Lisboa, 6 nov.), pp. 1–16.

Silva, Á. F. (2021).«Guerra, crises e império: a economia portuguesa entre 1890 e 1930». *In* Pinto, A. C., e Monteiro, N. G. (Orgs.). *História Económica Contemporânea – Portugal, 1808–2000* (pp. 131–184). Lisboa: Objectiva e *Fundación* MAPFRE.

Silva, F. V. G. (1938). *A Regulamentação Legal da Escrituração Mercantil*. Lisboa: Tipografia da Empresa Nacional de Publicidade.

Silva, F. V. G. (1984).«Bosquejo duma sucinta história da contabilidade em Portugal». *Revista de Contabilidade e Comércio* 187/192, pp. 503–514.

Soares, M. (1976). *Discurso da Tomada de Posse do I Governo Constitucional, no Palácio de Belém, presidida por António Ramalho Eanes, Presidente da República (23 de julho de 1976)*. Disponível no seguinte recurso vídeo: *https://arquivos.rtp.pt/conteudos/tomada-de-posse-do-i-governo-constitucional/* [consultado em 14 de janeiro de 2023].

Sociedade Portuguesa de Contabilidade (1953). *Vantagens para a Contabilidade da Regulamentação Profissional dos Técnicos de Contas*. Lisboa: Sociedade Portuguesa de Contabilidade.

Sociedade Portuguesa de Contabilidade (1974).«Anteprojecto de Plano Geral de Contabilidade». *Boletim da Sociedade Portuguesa de Contabilidade* 33, pp. 17–19.

Sousa, F., e Conde, M. F. (2021).«Os tratados de contabilidade no Portugal Oitocentista (1800–1882)». *In* Vaquinhas, I., Amaro, A. R., Nunes, J. P. A., e Rodrigues, M. F. (Coords.). *História, Empresas, Arqueologia Industrial e Museologia* (pp. 111–132). Coimbra: Imprensa da Universidade de Coimbra.

Sousa, F., Rodrigues, B., e Amorim, P. (2018).«Associações profissionais de contabilistas: das origens do movimento associativo às transformações operadas no Estado Novo». *População e Sociedade* 30, pp. 31–48.

Sousa, J. F. (1998).«O Estado Novo e a contabilidade: contributo para o estudo do ensino técnico e da profissão de contabilista na década de 30». *Estudos do ISCAA* 3/4, pp. 113–170.

Stone, L. (1979).«The revival of narrative: reflections on a new old history». *Past and Present* 85, pp. 3–24.

Telo, A. J. (2020).«A crise do Liberalismo». *In* Pinto, A. C., e Monteiro, N. G. (Orgs.). *História Social Contemporânea – Portugal, 1808–2000* (pp. 125–173). Lisboa: Objectiva e *Fundación* MAPFRE.

Vasques, S. (2018). *Manual de Direito Fiscal* (2.ª ed.). Coimbra: Almedina.

Veloso, L. C., Marques, F. C., e Ferrão, M. J. (1989). *Documentação e Legislação Comercial* (3.ª ed.). Lisboa: Texto Editora.

Veyne, P. (1983). *Como se Escreve a História.* Trad. António José da Silva Moreira. Lisboa: Edições 70.

Vidal, C. (1956). *Ensaio sobre um Planeamento Contabilístico Racional.* Lisboa: Tipografia União Gráfica.

Vieira. J., e Almeida, M. I. (2016). *150 Perguntas & Respostas Essenciais sobre a História de Portugal.* Lisboa: A Esfera dos Livros.

Vieira, M. (2010). *A Escola Prática Comercial Raul Dória – Memória de um Espaço de Ensino Comercial (1902–1964).* Dissertação de Mestrado em História e Educação. Porto: Universidade do Porto – Faculdade de Letras.

Zeff, S. A. (2018).«Instilling historical perspective and a critical faculty in the first undergraduate course in financial accounting». *Issues in Accounting Education* 33(3), pp. 95–100.

AGRADECIMENTOS

Os autores manifestam o seu reconhecimento às seguintes individualidades e instituições (listadas por ordem alfabética), cujo contributo para este livro merece ser assinalado de forma particular:

— Alexandre Gomes da Silva;
— Ana Margarida Pinheiro;
— Associação Portuguesa de Técnicos de Contabilidade (APOTEC);
— Biblioteca do ISCAC;
— Carlos Baptista da Costa;
— Carlos Ferraz;
— Grupo Editorial Almedina;
— Isabel Cipriano;
— José Martins Lampreia;
— Membros (anónimos) do Júri do Prémio de História da Contabilidade «Martim Noel Monteiro»; e
— Susana da Fonseca Ribeiro.

A todos, a nossa gratidão. No mais, são muito bem-vindas quaisquer sugestões e contribuições das leitoras e dos leitores, as quais podem ser remetidas para o endereço eletrónico mgoncalves@iscac.pt (Miguel Gonçalves).